# 编 委 会

# 科技大奖中的上海智慧

Shanghai Wisdom in the Science and Technology Awards

王仁维　俞陶然　等　著

上海三联书店

# 前　言

　　国家科技奖和上海科技奖分别是我国和上海的最高科技奖项，为了让荣获这两个大奖的上海成果为更多公众所知晓，并做好深入浅出的科普工作，2020 年至 2022 年，解放日报社城事频道在上海市 2020 年度"科技创新行动计划"科普专项项目"科技奖励获奖成果的科普宣传"的支持下，采写了 44 篇介绍国家科技奖和上海科技奖获奖项目的报道。现将这些报道结集成书《科技大奖中的上海智慧》，以飨读者。

　　习近平总书记指出，广大科学家和科技工作者要肩负起历史责任，坚持面向世界科技前沿、面向经济主战场、面向国家重大需求、面向人民生命健康，不断向科学技术广度和深度进军。

　　《科技大奖中的上海智慧》介绍的上海获奖项目，正体现了"四个面向"："有序介孔高分子和碳材料的创制和应用"等 7 个项目，面向世界科技前沿，取得了一批具有原创性乃至国际首创的科研成果，有望通过基础研究推动应用技术进步，走通"从 0 到 1、从 1 到 10"的原始创新之路；"洋山四期超大型自动化集装箱码头关键技术研究与应用"等 8 个项目，面向经济主战场，形成了一系列经济价值显著的产业技术成果,让科技创新为经济建设赋能;"北斗三号专用导航卫星平台"等 12 个项目,面向国家重大需求,依托新型举国体制等制度优势,为实现高水平的科技自立自强作出贡献;"肺癌精准诊疗关键技术研究与推广应用"等 17 个项目,面向人民生命健康,通过持续多年的自主创新和技术攻关,为各种疾病的诊疗等百姓生活需求提供了一批重要成果。

本书的编排,就是以"四个面向"为框架,反映出上海获奖项目的重要价值,希望读者能从中感受到科技创新在我国经济社会发展中的驱动作用。

本书集纳的 44 篇报道,还反映出科普宣传在传播科技知识、厚植创新土壤方面的积极意义。如何让科技大奖中的上海智慧为更多人知晓,不仅了解获奖项目背后的科学原理,还能体会到获奖团队的科研方法和科学家精神?媒体可以发挥重要作用,通过记者的深入采访、生动叙事和通俗表达,在科技工作者与公众之间架起一座桥梁,将专业的科技知识和科研方法转化为可读性强的文字,并在字里行间弘扬获奖团队的科学家精神,为提升我国公民科学素质作出贡献。

我们也希望,这些报道能激发青少年对科技创新的兴趣和热情,今后成长为科技人才,投身于我国建设世界科技强国的历史进程。

为了实现这些愿景,解放日报社城事频道的 8 位记者在报社领导、部门总监的策划和部署下,承担了"科技奖励获奖成果的科普宣传"项目,过去三年勤勉工作、克服困难,采访了 44 个项目团队成员,撰写了 44 篇图文并茂的报道。上海三联出版社的编审团队也为本书出版付出了辛劳。

这些报道在《解放日报》和上观新闻发表后,取得了很好的传播效果，多篇报道的网络点击量超过 10 万。在市科委组织的项目验收会上，多位科普专家对该项目的完成质量给予了肯定。

科技创新、科学普及是实现创新发展的两翼。期待本书的出版，能成为上海新闻界科普宣传工作的一个亮点，让更多读者走近上海科技创新的重要成果。

编委会
2023 年 5 月

# 目 录

Contents

## 第一篇  面向世界科技前沿

## 第二篇  面向经济主战场

## 第三篇　面向国家重大需求

# 第一篇

## 面向世界科技前沿

# 冲进介孔材料化学研究的
# "无人区"

**彭德倩**

基础科研领域,对原创性成果价值的评估有个硬指标:论文被引率,即作为专业文献被其他研究者引用的次数,代表着原创的含金量。

中国科学院院士、复旦大学化学系教授赵东元和李伟教授等完成的《有序介孔高分子和碳材料的创制和应用》项目,原创性提出了有机-有机自组装思想,创制了有序功能介孔高分子和碳材料,揭示了介孔独特的物质输运和界面反应规律,获得2020年度国家自然科学奖一等奖。这也是时隔18年后,上海科学家再获此殊荣。

引人关注的是,这一成果作为该领域"里程碑式"和"先驱"的进展,赵东元院士连续八年被列为全球化学和材料领域高被引科学家,在介孔材料领域发表论文及引用率位列世界第一。

"整个合成过程非常复杂,就像是在一个黑箱子里乱撞。"谈及研究,赵教授这样说。这沉甸甸的千足金原创背后,有好奇心,有幸运,但更多的,是坚韧。

# 那篇关键性论文只有薄薄七页纸

走进赵东元办公室隔壁的陈列室，一本本泛黄的论文草稿和实验笔记尤为珍贵，那上面留存着当年课题组成员的日积月累、殚精竭虑。其中，成员孟岩的博士论文《有序的有机高分子介孔材料的合成与结构》上这样写着：起初，实验怎么也做不出介孔，做出的全都是抱团的纳米粒子……

"那篇关键性论文只有薄薄七页纸，是用无数次探索和失败过程来写成的，这是科研的进程。"赵东元说："每天像小蚂蚁一样工作，日积月累后，就能得到丰厚的收获。"

介孔材料是一种多孔材料，孔径在2—50纳米。而功能化介孔材料，是将介孔材料改性而使其具有不同的功能。作为20世纪发展起来的崭新的材料体系，它具有规则排列、大小可调的孔道结构、高的比表面积和大的吸附容量，在大分子催化、吸附与分离、纳米组装及生物化学等众多领域具有广泛的应用前景。

"我就是一个造孔之人。"说起自己的研究，赵东元特别投入，"无论看到什么物体，我都会考虑如何在其上打孔，制备另一种新型介孔材料。"

催化剂的介孔材料，是20世纪发展起来的崭新材料体系，具有广泛的应用前景。赵东元先后发明了18种以复旦大学命名的新型纳米介孔材料，引领了介孔材料的发展，在国际重要刊物上发表SCI论文500余篇，申请获批中国专利授权39项。他同时担任十几种国际重要刊物的编委，在学界极具影响力。近年来他更是被国际ISI

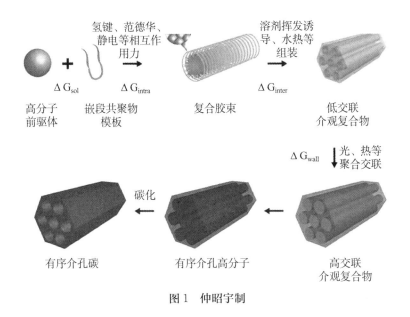

氢键、范德华、静电等相互作用力

溶剂挥发诱导、水热等组装

$\Delta G_{sol}$    $\Delta G_{intra}$    $\Delta G_{inter}$

高分子前驱体    嵌段共聚物模板    复合胶束    低交联介观复合物

$\Delta G_{wall}$    光、热等聚合交联

碳化

有序介孔碳    有序介孔高分子    高交联介观复合物

图 1   仲昭宇制

Web of Science 公司列为 100 名全球引用率最高的化学家之一；被汤森路透社列为全球化学、材料两个领域高被引科学家。

"创新就是不随波逐流，多提问题。若是无解，那便可能是研究的方向。"赵东元说，"我的生活全部是化学，读大学时，凡是能在图书馆借到的有机化学书我全部看了一遍。"赵东元把学术研究当作自己的生命，十几年来，每周工作 80 小时以上。为了获取实验数据、跟踪实验进展，经常连续十几个小时泡在实验室里。

2001 年左右，整个介孔材料都局限于无机材料。赵东元突发奇想：做了这么多无机介孔材料，能不能创造一种有机的高分子材料，又软又轻又好用，还能在国民经济中创造出非常高的价值。

前四年多时间，进展非常缓慢。一次不行，那就换一个方向，第二次,两次不行,就三次、四次、千百次,赵东元带领团队始终坚持探索。

"介孔材料制备从有机到无机,专业上看是个大跨越,研究完成后回头看,只是薄薄一张纸,捅破这张纸,我们用了近五年。"赵教授常说,基础研究,就是探索自然规律、用想象去敲未知的门,但创新没有窍门,只有踏实一步步去走,去撞。

转机来自一位复旦转专业本科生顾栋,2003 年 10 月 7 日,他用一种反常规的方法进行实验,深夜测试得到一组非常漂亮的数据。打电话给老师赵东元时,喊了出来:"成了!"

"顾栋非常聪明,他提出把高分子先聚再合成的做法,一下子把步骤从 5 个简化成 2 个。"赵东元在学生的启发下打开了思路。接下来两个月,大家紧锣密鼓调节实验参数、测试分析,年底就基本得到了所有数据。2005 年,赵东元在有机-无机自组装的基础上首次提出有机-有机自组装的新思想,并将实验方法公之于众。也将介孔材料化学研究,带入了新的"无人区"。

随着"门"被推开,已有 60 多个国家和地区的 1500 余家科研机构跟踪研究,利用相似的方法研究介孔高分子和碳材料等,发表论文 4 万多篇。赵东元的课题组中,成员们基于该项目成果发表论文 200 多篇,被引 30000 余次。几十年来,赵东元做科研身体力行,他还无私地把自己的心得传递到学生。复旦大学第一届"校长奖"获得者田博之是他的学生,3 年读研,以第一作者身份发表 8 篇 SCI 论文。

"不去闯无人区,不经历失败,就不会有成功。"他说。

## "喜欢，就能迸发出无穷的力量"

研发的每克介孔材料若铺展开来，表面积可达 3000 平方米，材料性能的突破带来更多应用创想。

经过不断压缩成本，赵东元团队将科研成果投入工业化生产，开展大规模制备。比如：将介孔材料作为催化剂使用，大大提高重油转化效率，全国推广后每年可助力企业增产约 150 万吨的高质量油品；将介孔碳和介孔高分子吨级生产，运用于超级电容器，在北京奥运会的 LED 路灯和上海世博会的电动汽车上都得到了示范性应用。此外，还在生物检测、环境处理、电子材料等诸多方面得到广泛应用。

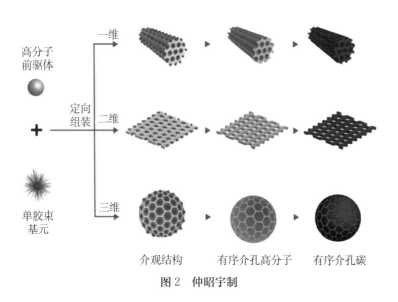

图 2　仲昭宇制

而在民用方面，目前尚未实现，但赵东元早有了一番畅想：介孔材料在工业上已经作为绝缘和隔热材料使用了,是不是将来也可能应用到衣物上呢?比如用纳米孔制作衣服,既轻薄,保暖性又强。实际上,他们现在就正在做一种利用介孔高分子材料做成的液体。"将来抹在身上,薄薄一层,就能完全隔热,你根本都看不出来,零下30℃都不怕!"他兴奋说道。

"科学支撑着技术发展,科研不仅为了探索,也是为社会向上发展、国家强大提供助力。"带着这样的思考,赵东元教授的创新从未停止。

有一次,他带儿子去乐高世界玩,看到各种大型组装构件,他便联想:在微观世界,能不能也用各种功能基元搭建形成孔洞?随后便开辟了一个新的研究方向——介孔材料合成方法学中的模块化组装。

曾有一次,赵东元课题组正在推进的研究方向,国外有团队率先发表了论文,课题组成员有点情绪波动,他说,"没关系,科学研究就是靠源源不断的新想法、新思路,我们对材料有深刻理解,一定能做出更好的。"赵东元看来,在激烈竞争中成长,同样也是基础研究的魅力所在。

很多学生发邮件请教他:到底具备什么条件,才能进您的实验室工作?赵东元回:没有别的,我唯一的条件就是你要爱科学,要有志于成为一名科学工作者。"科研需要你沉浸其中,需要你喜欢。能进复旦的学生,无论文科理科,我相信智力全都够了,剩下的就看你是否真的喜欢。喜欢,就能迸发出无穷的力量。只要沉静下来去思索,去刨根问底,总有一天会得到回报。"他说。

很多自然科学大类的学生记得,刚进大学时,每周二下午的专业基础课《普通化学》,主讲老师正是赵东元,13年不辍。"浓硫酸可以脱水,这是中学化学课就教过的知识,而在《普通化学》课上,我才知道这个简单反应,在最先进的纳米介孔材料制备技术中可以起到重要作用,宛如'神来之笔'……"在校园论坛上,一位同学这样写道。赵东元在教学中注重启发学生思维,善于将普通化学与现代化学研究前沿联系起来,吸引一个个好苗子由此走进化学天地。一周两次课,他几乎从未缺席,即使前一天还在外地开会,也一定连夜飞回来。"专注细节"是研究生对赵东元的最深印象。博士生李晓民 2011 年入学面试时,赵东元的一句话令其至今难忘。"当时我们说到一张电子衍射图,老师问'为何会有那么多白点?'我一下子没回答上来,虽然常见,可好像从来没想过这个问题。"小李笑着说,那时候感觉来对地方了。

不久前的上海国际科学艺术展上,一幅特别作品引人瞩目——淡淡的水墨晕染下,一只蜻蜓立于水面荷叶上,倒影中,几条鱼儿互相追逐,轻泛起几许暑意。这幅《初夏》作品,就是由现代化纳米技术绘制而成。

"这幅作品是通过把纳米粒子有序排列的科学研究电子显微镜组图,再以中国传统绘画——水墨画的形式进行再现,创作而成。"《初夏》作者之一,就是赵东元。他说,图画的背后,是科学研究者希望把前沿的知识传递给更多人的心意。

庄子曰:天地有大美而不言。赵东元说,事实上,当到达了一定的境界之后,科学和艺术一样,所接触到的,正是这同样的"天地大美"。《十万个为什么(第六版)·化学卷》正是由他主编,工作再忙碌,肩头的科普之责,从未放下。

# 探索 3 纳米新型芯片，
# 有望用于集成电路产业

**俞陶然**

　　"在过去几年的研究中，我主要聚焦在用新材料创造发明新的电子器件和系统。硅目前是集成电路的主要载体，但是遇到了挑战和极限。我在团队中利用新型二维原子晶体帮助硅技术解决问题，突破极限。"复旦大学微电子学院教授周鹏近日的演讲《用新技术创造芯片中的可靠"风洞"与"曲率飞行"》，给同学们留下了深刻印象。

　　凭借"风洞"和"曲率飞行"等创新理念，周鹏团队近年来在集成电路新机理、新材料和新器件研究与应用上取得一系列成果，在 2020 年度上海市科学技术奖表彰中被授予"青年科技杰出贡献奖"。这些成果的科学原理是什么？对于集成电路产业未来发展有什么影响？解放日报·上观新闻记者采访了周鹏教授。

# 用二维半导体新材料构建"风洞"

风洞即风洞实验室，是以人工方式产生并控制气流，用来模拟飞行器、汽车等实体周围气体的流动情况，并可度量气流对实体的作用效果以及观察物理现象的一种管道状实验设备。集成电路领域的"风洞"是什么呢？周鹏解释说，二维半导体新材料可以用作半导体器件新结构、新原理的"风洞"，因为这类材料构成的新器件与硅器件遵循共同的物理规律，能起到模拟硅材料半导体新器件的效果。

之所以用二维半导体新材料代替硅开展实验，是因为硅的先进工艺流程过于昂贵，比如 3 纳米工艺节点的硅器件完成芯片设计后，流片实验的成本高达上亿元。因此，实验成本较低的二维半导体新材料就成了微电子技术前沿探索的"香饽饽"。

这类新材料源于石墨烯。2010 年，曼彻斯特大学物理学家安德烈·盖姆和康斯坦丁·诺沃肖洛夫因制备出石墨烯获得诺贝尔物理学奖。这是一种由碳原子紧密堆积成单层二维蜂窝状晶格结构的新材料，具有优异的光学、电学、力学特性。石墨烯的稳定存在，打破了"单层原子二维材料不能稳定存在"这个科学界的固有观念，催生了一批二维新材料，如硫化钼、硒化钨、氮化硼。理论研究预测，这类层状的二维新材料有 6000 多种。

经过多次实验，复旦微电子团队发现硫化钼、硒化钨很适合用作"风洞"，模仿在硅工艺线上的新机制器件实验。硫化钼和硒化钨构成的新器件特性，能反映出一些普适规律，这些规律对硅材料同样适用。通过建立新器件的物理模型，科研人员只要调整材料和相应参数，就能预测硅基新器件的各种性能。

# 探明 MBCFET 新型晶体管技术原理

"风洞"实验让周鹏团队探明了 MBCFET（多桥沟道晶场效应晶体管）的技术原理，并开发出模型器件。这方面成果可以集成到国产 EDA（电子设计自动化）软件上，为研发和生产这种 3—5 纳米节点的新型晶体管提供利器。

什么是 MBCFET？这要从摩尔定律讲起。摩尔定律由英特尔创始人戈登·摩尔提出，预测在价格不变情况下，集成电路上可容纳的元器件数目和性能，每隔 18—24 个月会增加或提升 1 倍。如今，全球最先进的芯片制造企业台积电已进入 5 纳米节点量产阶段。在 5 纳米以下的工艺节点上，摩尔定律能否依然有效？这在很大程度上取决于晶体管结构的创新。MBCFET 就是一种新型晶体管，属于 GAAFET（环绕式栅极技术晶体管）这类业界普遍看好的下一代晶体管。

三星已表示，公司将在 3 纳米这个节点上使用 MBCFET 技术。与纳米线技术相比，MBCFET 拥有更大的栅极接触面积，所以在性能、功耗控制上会更加出色。

由此可见，掌握 MBCFET 技术对我国集成电路产业非常重要，未来的 3—5 纳米节点很可能采用这种技术。复旦团队探明 MBCFET 的技术原理并研制出模型器件后，为产业未来发展探索出一条有望走通的路径。

# "全在一"器件探测识别运动物体

利用二维半导体新材料的本征特性,周鹏团队还与中国科学院上海技术物理研究所胡伟达研究员合作,研制出一种面向运动探测识别的"全在一"二维视网膜硬件器件。"智能时代产生的新需求,已无法再用常规器件结构和系统有效解决。我们提出了多维度信息感知、存储、处理的'全在一'器件,突破现有架构技术瓶颈,就像非常规动力的曲率飞船。"周鹏告诉记者。看过科幻小说《三体》的读者都知道,通过飞行动力的颠覆式创新,曲率飞船的飞行速度可以达到光速。

感知、存储、处理"全在一"器件有什么颠覆性价值? 据介绍,运动探测已应用于很多领域,如人脸识别、无人驾驶、国防安全等。以CCD(电荷耦合器件)和CMOS(互补金属氧化物半导体)图像传感器等元件为基础的探测技术,要求冗余的模块组合和数据转换传输,带来大量不必要的能量和时间损耗。而人类视觉系统在神经单元上,就具备实现低功耗的运动物体探测与分辨能力。受此启发,复旦大学与中国科学院上海技术物理所团队从二维半导体新材料的本征特性出发,研制出感知、存储、处理"全在一"的视网膜硬件,并基于该硬件演示了一种高效的运动探测和识别方案。

科研团队在单一器件上实现了人类视觉完整功能——感光(杆细胞和锥细胞)、信号转换(双极细胞)、权重存储更新(无长突细胞)以及输出(神经节)等。他们还以该器件为基础,验证实现了三色小车的运动分离探测与高准确率识别功能。

现阶段国际领先的感知、计算一体器件并不具备时间差分处理能力,所以只能实现静态图像检测与分类。而"全在一"器件真正实现了动态感知、存储、计算一体化,首次可在时间尺度上进行图像处理,实现运动探测与识别。

## 发明第三类存储技术实现"兼得"

在存储器领域,周鹏和同事们也取得了颠覆性创新成果。他们研制出二维半导体"准非易失存储"原型器件,发明了第三类存储技术,解决了半导体电荷存储技术中"写入速度"与"非易失性"难以兼得的难题。

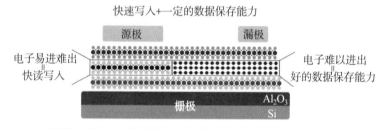

用于准非易失应用的范德瓦尔斯结构半浮栅存储(仲昭宇制图)

目前,半导体电荷存储技术主要有两类。一类是易失性存储,例如电脑内存,掉电后数据会立即消失;另一类是非易失性存储,例如U盘,写入数据后不需要额外能量就能保存10年。速度方面,易失性存储可在几纳秒左右写入数据,非易失性存储则需要几微秒至几十微秒才能把数据保存下来。

能否将两类存储技术的优势合二为一? 复旦大学微电子学院教

授张卫、周鹏团队利用二维半导体新材料研发的新型存储技术,既能在 10 纳秒左右写入数据,又实现了按需定制(10 秒—10 年)的可调控数据准非易失特性。

如果将这一技术应用于电脑内存,在较高存储速度和较长保存时间的条件下,就不必高频刷新,这对降低能耗有重要价值。对于这项发表在《自然·纳米技术》杂志上的重要成果,国外评审专家给予了高度评价:"他们制造的器件非常巧妙,对论文作者在制造工艺中的精湛技艺表示祝贺。这种器件设计提升了范德华异质结构电子应用领域的最高技术水平。"

# 石墨烯电子材料中试成功，推动碳基集成电路发展

**俞陶然**

　　2010年，曼彻斯特大学两位科学家因为对石墨烯的开创性研究获得诺贝尔物理学奖。就是从那年起，中国科学院上海微系统与信息技术研究所开始研制这种材料。可谓"十年磨一剑"，如今，谢晓明研究员团队在高质量石墨烯电子材料制备方面取得多项突破。2020年，这个项目荣获上海市自然科学奖一等奖。

　　为了让这类材料尽快产业化，中国科学院上海微系统所与上海市石墨烯产业技术功能型平台合作，已建成一个具有中试放大功能的创新实验室。目前，这个实验室实现了8英寸石墨烯单晶晶圆、锗基石墨烯晶圆、超平铜镍合金单晶晶圆等新材料的小批量生产，为国产新一代电子器件的研发奠定了基础。

# 石墨烯制造芯片有四大优势

集成电路产业发展至今,芯片的主要材料一直是硅片。遵循摩尔定律(在价格不变情况下,集成电路上可容纳的元器件数目,每隔18—24个月增加一倍,性能也提升一倍),硅芯片的产业化工艺制程目前已缩小到 5 纳米,工艺升级的难度越来越大。

如何突破摩尔定律遇到的瓶颈?用新型碳材料取代硅基材料,是业界普遍看好的解决方案。石墨烯就是一种新型碳材料,它只有一个碳原子层厚度,强度极高,比表面积巨大,导热导电性能优越。据谢晓明介绍,与硅基材料相比,将石墨烯材料用于制造芯片有四大优势:一是单层石墨烯的厚度仅为 0.27 纳米,在半导体工艺制程方面,遵循摩尔定律的发展潜力比硅基材料大得多;二是石墨烯的晶体结构让自由电子迁移不受束缚,电子运行速度达到 1/300 光速,比硅芯片快 100—1000 倍;三是用石墨烯制造的处理器频率有望达到 1 太赫兹以上,比硅芯片高 100—1000 倍;四是石墨烯可以制成柔性薄膜,让电子产品能弯曲、更便携。

因为这些优越的性能,欧盟、美国、韩国等多个国家和地区都在石墨烯微电子技术领域进行了布局。如欧盟的"石墨烯旗舰计划"总投资 10 亿欧元,推动石墨烯电子学应用等技术研发。

## 单晶晶圆生长创造世界纪录

然而,以石墨烯为代表的二维材料在替代传统半导体材料道路上,也面临着许多挑战。就像制造硅芯片的原材料是一片片硅单晶晶圆,二维微电子材料的器件应用也需要制备出石墨烯晶圆。"高质量石墨烯单晶制备被誉为石墨烯材料'皇冠上的明珠'。"中国科学院上海微系统所研究员吴天如说,"我们花10年工夫,终于掌握了石墨烯单晶晶圆可控制备技术,实现了4—8英寸单晶的小批量生产。"

在国家科技重大专项、上海市科委项目支持下,谢晓明团队解决了用籽晶制备单晶的技术难题,让一个几百微米大小的石墨烯籽晶在二维平面上生长。经过约2.5小时,籽晶能生长成1.5英寸大小的石墨烯单晶,生长速度和单晶尺寸都创造了世界纪录。经过后期设计优化,这个团队已能制备8英寸石墨烯单晶晶圆。

中国科学院上海微系统所研发的8英寸石墨烯晶圆

中国科学院上海微系统所还在国际上首次实现了半导体锗基石墨烯CVD(化学气相沉积)制备,研制出4英寸锗基石墨烯晶圆。这种材料与当前主流的集成电路制造工艺线有良好的兼容性。微系统所研制出的另一种二维材料名为六方氮化硼，它俗称"白石墨烯"，与石墨烯结构类似，却是绝缘体。这对"黑白搭档"相互配合，既能提升材料综合性能，又有利于开发出新的器件功能。

迄今为止，中国科学院上海微系统所在石墨烯材料制备与器件应用领域已申请 100 余项专利，授权 70 余项，其中国际专利 9 项。

## 功能型平台加速产业化进程

如何把这些国际一流的科研成果转化为现实生产力？2019 年 9 月，中国科学院上海微系统所与上海市石墨烯功能型平台签约合作，由后者的创新实验室承担中试工作，扩大石墨烯晶圆等产品的生产规模。

作为上海市政府布局建设的研发与转化功能型平台之一，石墨烯功能型平台属于新型研发机构，以石墨烯应用需求为牵引，拥有技术创新、中试及产业化的核心服务能力；以"基地＋基金＋人才"模式集聚并配置技术、人才、资本市场等创新资源，培育石墨烯产业集群。

"我们平台上集聚了来自高校、科研院所的一批高水平科研团队，他们有一个共同目标，就是让实验室成果通过中试放大和产业对接，转化为成熟的产品。"上海市石墨烯功能型平台董事长梁勇说。谢晓明团队就是其中一个团队，他们最看重的功能型平台优势有两点：一是平台有一批工程技术人员，可以参与中试研发，科研院所和高校往往缺少这类研发人员；二是平台有丰富的产业资源，能为科研团队对接一批企业，加快科技成果产业化进程。

设在上海市石墨烯功能型平台的谢晓明团队创新实验室，与其他科研团队的创新实验室毗邻，具有中试放大功能。这些实验室的面积都比较大，有不少大型设备，看上去像一个个厂房。"这个实验室正在中试生产8英寸石墨烯单晶晶圆等多种产品。"吴天如说，"我们还想通过功能型平台了解产业下游需求，早日实现产品的规模化应用。"

**吴天如介绍创新实验室里的中试设备**

在梁勇看来，功能型平台在高新技术研发与转化过程中可扮演重要角色。"功能型平台采取公司化运营模式，科研项目入驻平台后，科研团队并不能得到人财物，但有望获得未来产业化的收益，所以不是奔着产业化去的科学家根本不会来我们平台。"作为一类新型研发机构，功能型平台应秉承为科研团队做好服务的理念，尽量保持中立地位，争取通过功能叠加打通科技成果转化"最后一公里"；在筛选入驻项目方面，应以技术成熟度为主要尺度，叠加技术先进性尺度。"希望通过这轮科技体制机制改革，既要让上海功能型平台保证公益性，管好用好政府资金；又要让平台通过市场化运营适当'造血'，保证可持续发展。"

## 推动碳基集成电路技术发展

石墨烯电子材料的应用前景如何？据了解，一些基于石墨烯、用于数据通信的电子组件正在业界进行原型演示。其中，电子和光子组件已集成到传输系统中并经过验证，可实现高速、低功耗的数据/电话通信。石墨烯光电探测器的光电模块，可检测从可见光到热范围的整个波段的光。因此，它们有望为夜视、光谱学和热成像技术提供有成本竞争力的产业应用。此外，原子层薄的石墨烯材料可以充当各种物理参数（化学成分、湿度、温度、应变等）的强大传感器，这些单片感应平台与射频识别天线结合使用，能用作远程可读探测器。

石墨烯晶圆在上海的小批量生产，为国产新一代电子器件的研发奠定了基础。在石墨烯器件集成方面，这类产品已积累了很多国内外用户。中国科学院、中电集团下属单位利用沪研材料开展攻关，突破了石墨烯太赫兹探测器件、高性能射频晶体管等电子器件的核心工艺。吴天如表示，这些前沿研究和成果转化，有利于解决碳基电子器件实用化面临的技术障碍，加速推动我国碳基集成电路技术的创新跨越式发展。

# 发明"穿在身上的显示器",还能给手机充电

俞陶然

"这是《三体》里的世界。""刘慈欣的想象成真了!"复旦大学高分子科学系主任彭慧胜教授带领团队,在国际上率先研制出织物显示器件后,引发了众多网民的惊呼。他领衔完成的"碳纳米管复合纤维锂离子电池"项目,2020年荣获国家自然科学奖二等奖。他带领团队实现的"高性能纤维锂离子电池规模化制备",入选2021年度"中国科学十大进展"。

这位出生在湖南小山村的科学家,不仅收获了美不胜收的科研成果——让衣服像显示屏一样呈现出七彩画面,而且悟出了从事科研工作的成功经验。"研究工作最需要两个品质:不顾一切的勇气和丰富的想象力。"彭慧胜说。

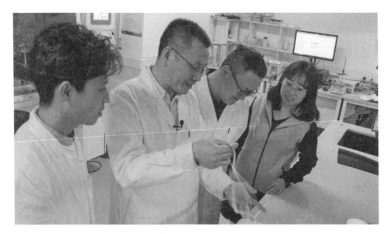

彭慧胜教授(左二)带领团队研发发光纤维

## 在质疑声中坚持 15 年,创造"世界第一"

2008 年留学归国、入职复旦后,彭慧胜选择了一个科学家很少涉足的研究方向——纤维电子器件。当时在柔性电池领域,研发薄膜电池的科学家有很多,但很少有人研究纤维电池。衣服上的纤维可否蓄电、发光?可否变成柔性显示器?这些只存在于《三体》等科幻小说里的场景,成为彭慧胜的攻关目标。

"科学研究要有丰富的想象力,就像爱因斯坦所说,想象力比知识更重要。"谈及当年对科研方向的选择,彭慧胜深有感触地说。

与热门的薄膜电池研究相比,纤维电池这个研究方向几乎还没有人想到,技术挑战很大。比如要研发纤维聚合物锂离子电池,必须破解三个科学难题:一是把平面结构的平板锂离子电池转变成纤维结构,电场会变得不均匀,很难制备活性材料进行匹配;二是平板电池的电荷传输路径较短,而纤维电池的长度有几米、十几米乃至更长,如何确保电荷沿纤维长度方向进行有效传输至关重要;第三个科学难题,是在制备和使用过程中,纤维电池会自然形变,所以要确保活性材料在变形时不会脱落。

**彭慧胜教授在演讲**

国际学术界长期以来有一个共识:纤维电池的内阻随长度增加而显著增大,导致无法实现电池高性能化和应用。因此,很多科学家不相信能研制出纤维电池,更不相信纤维电池可以大规模应用。在质疑声中,彭慧胜坚持了 15 年。他颠覆了传统认知,发现纤维电池内阻随长度增加并不增大,反而先降低后趋于稳定,呈现独特的双曲余切函数关系。这奠定了纤维电池发展的理论基础。

在这个理论的指导下,他领导团队研制出 20 多种纤维器件,其中纤维锂离子电池具有优异且稳定的电化学性能,能源密度较过去提升了近 2 个数量级。他们还与产业界合作,建立了世界上首条纤维锂离子电池生产线。相关技术产品已应用于航天、高铁、汽车等重要领域,产值超过 20 亿元。

## 提出大胆构想,编织出"显示器发光点阵"

"在基础研究的无人区里,我们要有不顾一切的勇气。"彭慧胜告诉他的学生,"摔倒并不是失败,摔倒后决定不再爬起来,才是失败。"

凭借不顾一切的勇气和丰富的想象力,这位高分子科学家不仅实现了纤维锂离子电池的产业化,还带领团队研制出"穿在身上的显示器",让人类今后能通过衣服浏览新闻、收发信息、记录备忘……2021 年 3 月,相关研究成果以《大面积显示织物及其功能集成系统》为题发表在国际顶级科技期刊《自然》上,审稿人评价其"创造了重要而有价值的新知识"。

如何在直径仅为几十至几百微米的柔性纤维上,构建可程序化控制的发光点阵列,是困扰他们的一大难题。为此,彭慧胜团队发挥想象力,提出一个大胆构想:在织物编织过程中,经纬线的交织可以自然地形成类似于显示器像素阵列的点阵。

以此为灵感,他们研制出两种功能纤维——负载有发光活性材料的高分子复合纤维和透明导电的高分子凝胶纤维,通过两者在编织过程中的经纬交织,形成电致发光单元,并通过有效的电路控制制备出新型柔性显示织物。

与传统的平板发光器件相比,发光纤维的直径可在 0.2 毫米至

**柔性显示织物**

0.5毫米之间精确调控,奠定了其超细超柔的特性。以此编织而成的衣物,能紧贴人体不规则轮廓,像普通织物一样轻薄透气,确保良好的穿着舒适度。

在彭慧胜团队的实验室,放着一卷卷缠绕在纺锤上的发光纤维,它们颜色各异,通电后就会发光。在一件卫衣上,有一个用蓝色发光纤维编织的复旦大学校徽图案。接通电源后,这件衣服的蓝色校徽图案在暗室里清晰可辨。

## 勇闯科研无人区,让衣服给手机无线充电

2021年9月,这个团队又在《自然》上发表了一篇论文,报道"高

性能纤维锂离子电池的规模化构建"成果。审稿人评价这项工作是"储能领域和可穿戴技术领域的里程碑研究"和"柔性电子领域的一个里程碑"。

要实现纤维锂离子电池活性材料的连续制备,必须有效解决活性材料与导电纤维集流体的界面稳定性难题。"在纤维表面进行涂覆时,很容易产生串珠等涂覆不均匀的现象,就像糖葫芦一样,会严重影响纤维电极制备的连续性和电池的电化学性能。"论文第一作者何纪卿说。

针对这一痛点,他们通过调控正负极活性材料组分和黏附力,破解了聚合物复合活性材料与导电纤维集流体的界面稳定性难题,还自主设计和建立了面向纤维锂离子电池连续构建的标准化装置,获得高负载量、涂覆均匀和容量高度匹配的正负极纤维电极材料。在这些技术突破的基础上,他们最终实现了高性能纤维聚合物锂离子电池的连续化制备。制得的纤维电池容量随长度线性增加,显示这一技术路线具有良好的可靠性。编织集成得到的纤维锂离子电池系统,电化学性能与商业锂离子电池相当,而稳定性和安全性更加优异。

这一国际领先的科研成果,颠覆了人们对传统显示器件和纺织品的认知,入选2021年度"中国科学十大进展"。在实验室里,把手机放在一块看上去很普通的印染蓝布上,就开始无线充电,这块蓝布织入的正是纤维锂离子电池。据介绍,一件由纤维锂离子电池织就的成人衬衣,相当于一个移动充电宝,一次充满可以给手机充电约20次。穿着能给手机充电的衣服,对人体是否会有伤害?彭慧胜说:"我们的产品不仅安全、耐洗,对敏感肌肤也很友好。我们正在努力实现它的生物可降解。"

　　《三体》对人类未来服装的描写之所以成为现实,靠的是中国科学家的想象力以及十余年的坚持不懈。彭慧胜希望年轻学子在学习和生活中培育自己的想象力,在大学本科阶段创造性地学习知识,在研究生阶段学习创造知识,勇闯科研无人区,这样才有可能收获颠覆人类认知的创新成果。

# 蚕丝只能为衣裳？ 把它用在脑机接口和医疗器械上

黄海华

　　蚕丝是一种古老的纺织材料,你可知道蚕丝还能做传感器材料？中国科学院上海微系统所副所长陶虎研究员不仅把蚕丝蛋白用在了脑机接口和植入式医疗器械,还在研发仿生类的人工智能传感器与芯片。

　　多年来,陶虎一直致力于信息技术和生命科学的基础前沿交叉研究,将蚕丝从传统纺织材料成功转化为新型医用和信息功能材料。他已在国际知名期刊《科学》《自然》及其子刊等发表学术论文80余篇,其中入选封面文章26篇,论文总被引超过15000次。凭借这些成果,陶虎荣获2020年度上海市青年科技杰出贡献奖。

## 最大限度地利用大脑,最小限度地损伤大脑

　　"人类的大脑就像一个超级计算机,成人大脑有800多亿个神经

元,组成了一个庞大复杂的网络,但神奇的是,大脑的功耗只有 20 瓦,跟一个电灯泡差不多。如何利用大脑本身来进行一些新探索,非常重要。"陶虎告诉记者。

脑机接口,作为人类大脑和外界设备直接沟通的渠道,可以读取脑、调控脑,是当下国际脑科学前沿研究的重要工具,也是脑功能探索和脑疾病诊治的核心关键技术。脑机接口技术的核心难点之一,在于怎么样最大限度地利用大脑,与此同时最小限度地损伤大脑。

然而,当前的脑机接口技术面临"植入创伤大""通道数不足""长期记录稳定性差"三大挑战。脑电采集一般是非侵入模式,但信号质量比较差,从大脑深处通过脑膜、脑积液、颅骨、头皮等传递出来,衰减散射得厉害,因此它的信噪比、时间分辨率和空间分辨率都不够。如果要实现一些更加复杂的功能,还是要做植入式,但可能会带来创伤,此外还要保证植入后在体内长期的安全性和稳定性。

能否从材料入手,来改善脑机接口技术?"蚕丝蛋白不仅天然抗菌、可降解,而且机械性能好,简直就是天生的传感器材料。"陶虎说,他过去一直和微纳器件打交道,了解到蚕丝蛋白可用于生物医学上的组织修复后,顿时脑洞大开:蚕丝蛋白能否和传感器相结合呢?

把蚕丝蛋白用在电极上,陶虎团队开发出了"免开颅微创植入式高通量柔性脑机接口系统",目前已成功应用于鼠、兔、猴等多种动物模型。

"马斯克公司研发的脑机接口技术中柔性电极需要钢针辅助插入,我们独创的这个系统可以把柔性电极暂时硬化,在头颅上打个微孔后电极可以自体插入,无需钢针的辅助,而电极插入脑部后又会变软,对大脑的损伤很小。"陶虎说,这种柔性电极可免开颅微创植入颅内,创伤直径小于 0.7 毫米。

接下来，他们希望能进一步把植入式创口直径减小到 0.5 毫米。临床上一般认为创口直径小于 0.5 毫米，人体可自愈。这是一个什么概念？我们平时去医院抽血用的针头就是直径 0.45 毫米大小。

陶虎透露，其实他们的柔性电极宽度只有不到 0.1 毫米，而厚度只有 0.001 毫米，但受限于钻头本身的尺度，因此他们正在设计生产直径更小的机械钻头，同步还在考虑激光钻孔。"我们定的长远目标是创口直径 0.3 毫米以下，这与针灸针头的直径差不多，也是人们普遍可以接受的程度。"

除了减小植入伤口，提高带宽也很重要，带宽越大，读取和调控的神经元就越多。这种柔性神经电极已实现晶圆级批量制造，单器件最高可集成上千通道脑电信号采集通路。电极植入后能够实现术后急性信号采集和长期稳定神经信号跟踪。

"我们合作的几家头部医院正在申报临床研究，如果顺利，今年年底会做大脑深部的电极试验，明年就可以在更大规模人群上开展试验。"陶虎介绍，届时他们将针对喉癌病人的语言功能和高位截瘫病人的运动功能展开针对性研究。

## 蚕丝蛋白不仅可包裹药物，而且可控降解

"蚕丝蛋白做成纺织品，其附加值只有几倍，而成为植入式医疗器械的高端耗材，其附加值增加了成千上万倍，养蚕的农民也因此增收了。"陶虎说。

植入式医疗器械是生命科学与信息技术的融合，陶虎团队开发了系列基于蚕丝蛋白的植入可降解、人体可吸收的微纳电子和光电子器件，实现了蚕丝蛋白在神经外科、骨科等临床医学领域的应用。

一直以来，临床上很多植入式器械，都是不可降解的金属类电子器件，比如骨钉，一旦植入身体还需要二次手术再把它取出来。

相比金属类电子器件，蚕丝蛋白不仅生物兼容性更好，可包裹药物，而且可控降解，降解的产物是氨基酸，对身体不会产生危害。

"所谓可控降解，就是可以调节降解时间，从几个月到几年不等。比如，我们和上海市第九人民医院合作，整形用的鼻假体需要在体内很长时间都不降解，而脸部线雕则需要让它短时间内降解。"陶虎介绍，此外，他们与第四军医大学西京医院合作已在骨折病人身上做了数例临床研究，明年年内将开展上百位骨科病人的临床研究，"乐观估计，最快到2024年，争取拿下三类医疗器械注册证。"

"医疗器械跟人的健康息息相关，如果这一领域的关键技术也被

'卡脖子'，将会非常被动，我们希望能在高端医疗器械方面做一些有益探索。"陶虎说。

## 蚕丝蛋白被做成仿生类传感器的基底

"不管是人工智能算法还是芯片，其实都受制于数据采集的源头传感器。我们现在琢磨的是对这些数据的分析，也就是前端的算法，偏'软'一点。"陶虎还有一个身份，上海微系统所传感技术国家重点实验室副主任，传感器研究本来就是他最擅长的领域。作为国家科技创新2030重大项目首席科学家、科技部生物和电子信息领域颠覆性技术专家组成员，陶虎希望能带领团队在前端的传感器算法研究上有所贡献。

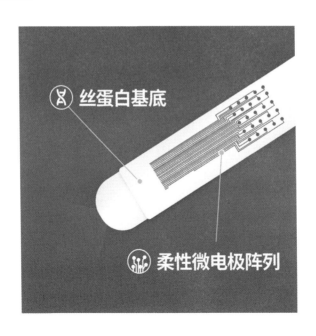

　　据介绍，受自然界视觉和听觉出众的生物启发，他们研发了各种仿生类的传感器，且都是多模态和人体可集成的。不管是可穿戴还是可植入的传感器，它们对生物兼容性和安全性的要求都比较高，因此蚕丝蛋白再次"大显神威"，被做成传感器的基底或封装层。"这部分工作的关键技术我们已经突破，期待能尽快应用到传感器的算法研究中。"

（制图：黄海昕）

# 什么是"高感性"多功能纤维？
# 这项成果"穿得抗菌"

**徐瑞哲**

从"穿得暖"、"穿得美"发展到"穿得健康"，科技在功能纤维领域再度赋能。近日，中国科学院院士、东华大学材料学院院长朱美芳团队荣获 2020 年度国家技术发明奖二等奖，这个大奖项目就是"有机无机原位杂化构筑高感性多功能纤维的关键技术"。那么，到底什么是"高感性"多功能纤维？

## 要防护又要亲肤，矛盾体难调和

业内人士清楚，我国化纤产量占全球 70％，其中超过八成是量大面广的聚酯和聚酰胺纤维，且同质同构现象较为严重。与之对比，高感性、多功能的高品质纤维供给不足，功能化产品比例偏低。因此，兼具抗菌、阻燃等健康防护和舒适亲肤作用的高感性多功能纤维研发，成为国家行业的急需和国际竞争的焦点。

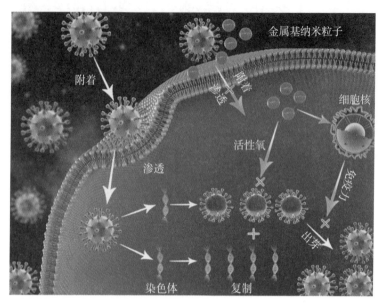

高感性抗菌纤维微生物杀灭机制

所谓"高感性",是指吸湿导汗、超细柔软等人体舒适感。但在相关材料的研发过程中,它与功能性又是一对很难调和的矛盾体。如何实现二者统一,成了一道世界性难题。

在高感性多功能纤维产业化过程中,有三大关键技术瓶颈亟待突破——功能组分在聚合物基体中添加量多、分散性差;功能材料在高温熔融纺丝加工中不稳定、功效不耐久;功能纤维连续化加工难、制成率低等。于是,这十余年来,朱美芳带领团队在杂化材料设计制备及其高感性多功能纤维开发领域,不断从实际需求中寻找问题,破解难题。

自本科算起,"80后"团队成员成艳华进组已有十多年。从当年

课题组研发产品送至抗疫一线后,朱美芳与部分团队成员合影

朱老师手把手地教,到如今能够在基础研究领域"单兵作战",今年初刚当上"新妈"的成老师骨子里带着拼劲儿。她表示,很幸运在这个有高度、速度和温度的团队中打拼着。深入工厂、查阅文献原版书籍、讨论到深夜甚至凌晨……每个人都明确团队的共同目标:解决国家重大战略问题,解决"卡脖子"技术难题。

为此,项目组先后承担了一系列国家、地方和企业任务,提出并发展了国际前沿的有机—无机杂化技术,基于功能导向与构效协同,将有机组分的可设计性和无机组分的功能性,通过两相界面调控完美结合,率先提出了聚酯、聚酰胺纤维全流程功能化杂化技术的开发思路,并创立了三大技术发明点,形成了六大发明技术。

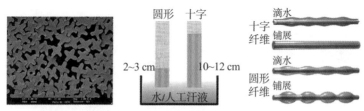

十字形纤维截面图　异形纤维织物芯吸高度图 纤维表面水滴铺展原理示意图
(FZ/T01071-2008：毛细效应实验方法)

**高舒适十字异形功能纤维吸湿排汗机理**

## 上书架也上货架，低添加却高效能

说到纳米材料，人们恐怕都不陌生。但如何把纳米材料添加到高分子材料中，并充分发挥其功能，这道加法题让不少研究者犯了难。

"'要到企业中去发现问题，调研问题，提出解决方案，再加以实施、总结'，这是朱老师经常和大家说的。"团队成员材料学院博士后周家良说，基于抗菌聚酯加工理论和方法，加上纳米粒子，他们研究的是多项高分子材料功能杂化的项目，其目的是实现材料功能的协同叠加，不让它们"打群架"。他解释称，添加量是其中的关键要素——量高，材料间的相互影响随之增大；量低，对纤维成型影响小。如何做到添加量小，同时功能性保持和感性增强，正是关键。

针对金属系功能组分在聚酯高温聚合中极其容易"自团聚"从而失稳失效的难题，团队发明了溶胶原位聚合和原位氧化还原两项技术，实现了抗菌功能聚酯的一步原位杂化、金属系功能单元的设计构筑及其在复杂流体中的均匀稳定分散，制备了"低含量、高分散、高效

朱美芳与团队成员讨论功能纤维生产情况

能"的抗菌功能聚酯。

此外，团队还发明了抗菌阻燃功能杂化材料一体化制备技术。针对复杂加工条件下，功能材料不稳定、不持久、不协效等难题，研发了高热稳定抗菌阻燃杂化磷酸锆制备和高含量多功能杂化协效母粒制备技术。一体化制备了形貌可控、高温熔融加工不变色、持久高效抗菌阻燃杂化功能材料，应用于多功能聚酯、再生聚酯和聚酰胺纤维，还拓展用于功能薄膜、工程塑料等领域。

"我们做的东西要么上书架，要么上货架"这是朱美芳常说的一句话。在她看来，做项目研发，就要真真切切把成果转化成产品，不仅有创新，更要考虑全流程生产链问题，拿出"全流程解决方案"。迄今，项目建立了多功能、高感性聚酯和聚酰胺纤维全链条技术开发体系。同时,针对功能聚酯、聚酰胺可纺性下降,功能性和舒适性难统一的瓶颈,发明了多功能高感性杂化纤维纺丝技术,构建了杂化功能聚合物熔融两相纺丝动力学模型。

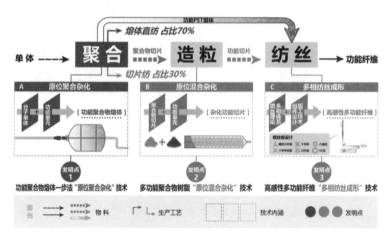

高感性多功能纤维全流程杂化机理

## 万吨级短纤长丝量产,成本直降三成

从实验室到生产线的距离,往往最近也最远,需要双方都多跨一步。团队在杂化功能聚合物的剪切、拉伸流变行为研究基础上,专门设计开发了十余种杂化纤维专用高异形度的异形喷丝板,产品色泽柔和,赋予人体舒适感。在万吨级短纤、长丝生产线上,实现多功能原生(再生)聚酯长丝、短丝及聚酰胺纤维的规模化生产,制成率从90%提高到97%,成本直降三成。

据了解,该项目整体技术在恒逸、德福伦、恒申、美达、龙福等国内化纤龙头企业全面应用和产业化,开发了五大系列 30 多类功能产品,被广泛用于服饰家纺、交通运输、安全防护和国防军工等领域,系列成果引领纤维多功能化科技进步和产业升级,示范效应显著。

从"科班"到"青椒"的相恒学,博士阶段起就跟随朱美芳教授做科研。他说"自己的角色类似课题组的项目小组长",需求、谈判、方案、结果……在他心里都有本"明白账"。为跟进实验过程,简易版铺盖卷成了办公室的"流行装备"。有时候,一个月在企业最多要待上差不多 20 天。

**朱美芳(中)在生产一线指导交流制备抗菌功能母粒**

作为团队中的校企合作骨干,上海德福伦化纤有限公司总经理杨卫忠时刻关注着项目研究进展,深入生产一线推动成果落地应用。"只要团队在小试线上做成的事情,我就能把它应用到德福伦产品中去。"凭借对化纤功能新产品开发的一份执着,技术团队带领企业应用项目成果技术,开发了系列抗菌、阻燃等差别化纤维产品,使企业走上了"专、精、特、新"的差别化发展之路,打造了"不可或缺、不可超越、不可模仿"的纤维品牌,成为国内涤纶短纤维新材料领域的行业龙头。

"科研人才只有经过长期培养和积淀才能拥有揭榜挂帅的底气和能力。"11月3日中午,刚刚走出北京人民大会堂国家科技奖励大会颁奖现场的朱美芳院士表示,做研究要静下心来,坚持基础研究和问题导向相结合,把问题想得多一点,困难想得大一点。"在实现高水平科技自立自强的道路上,还有很多难题要攻克,做好打持久战的准备,不断积累实战经验。"

(图片来源:东华大学)

# 新型示踪技术为你揭示细胞的"命运"

侍佳妮

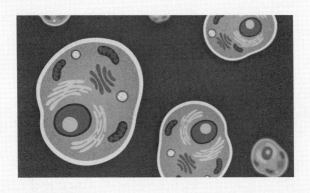

"我主要研究'细胞命运',也就是细胞的生老病死,新细胞是怎么来的、从哪里来、到哪里去?"中国科学院分子细胞科学卓越创新中心周斌研究员如此解释他的研究方向。自 2010 年归国后,周斌长期耕耘于"细胞命运"领域的基础研究。周斌作为第一完成人的课题"器官发育与再生中细胞起源与命运研究"获得 2020 年度上海科技进步奖自然科学奖一等奖。

# 两套坐标定位一类细胞

在周斌的研究中,干细胞是一个重要的研究对象。干细胞可以不断自我更新,并且能够产生至少一种分化的子代细胞,而有的干细胞还具有多项分化潜能。人体器官中的干细胞可以通过不断分裂来修复组织,堪称人体"修补匠"。

过去国外专家提出,成体心脏中心肌细胞可以由干细胞转变而来。"这个观点为临床治疗心肌梗死带来希望,但是缺乏严格的细胞示踪实验数据支持。成体心脏是否存在干细胞这个问题在全球学术界争论了十多年。"周斌解释,因为心肌细胞的增殖能力太弱,很难检测到。结合两种经典的示踪技术,周斌在小鼠身上做了一系列严格的遗传谱系示踪实验,结果显示,哺乳动物成体心脏中新的心肌细胞来源于自身增殖,而非干细胞。

这只是周斌运用示踪技术揭示的有趣规律之一。遗传谱系示踪技术就是将一段可遗传的编码荧光蛋白的 DNA 表达在特定细胞中,在发育形成的器官和组织中,该细胞的后代们都会持续发光。无论这些细胞的子代细胞分化和迁移到哪里,研究人员都可以通过荧光来追踪它们。"利用这个技术,我们可以决定在什么时间点使小鼠体内特定一群细胞发出荧光。"周斌介绍。

周斌使用的关键技术 Cre-loxp,被称为"基因重组神器",它的特点是可以完全在小白鼠体内进行标记,但也可能存在非特异性标记的技术瓶颈。"非特异性标记的意思是,我想标记 A 类细胞,有可能不仅标记了 A 类细胞,也标记了 B 类细胞,可能影响实验结论。"基于此,周斌开发了新的示踪技术——双同源重组酶介导的谱系示踪技术。

这种技术是在使用 Cre-loxp 技术的同时,引入了另一种名为 Dre-rox 的技术,即为"双同源"。周斌创新性地将两种不同的同源重组系统结合起来运用,通过两套互不干涉的坐标系,细胞示踪的特异性大大提高。"这就相当于,我原来说我在肇嘉浜路上,但是肇嘉浜路很长,究竟在哪里? 你很难一下子找到我对吧。现在我说,我在肇嘉浜路与岳阳路的交界处,这样是不是就精确多了?"周斌笑道。

## "有趣"的肝脏和肺脏细胞

"相比再生能力较弱的心肌细胞,肝脏和肺脏中上皮细胞命运可塑性大,非常有趣。"周斌的主要研究领域是心脏,近年来,他也尝试用双同源重组酶介导的谱系示踪技术来研究肝脏和肺脏细胞的"命运"。

肺脏自近端到远端包括气管、支气管、小支气管和肺泡等结构。有科学家提出,小支气管和肺泡交界处存在许多干细胞,名叫支气管肺泡干细胞(BASCs),它们非常神奇,可以"按需分化"。如果肺泡有损伤,这些干细胞就会变成肺泡细胞;如果支气管有损伤,这些干细胞就会变成支气管细胞。

这种神奇的干细胞是否真实存在? 在科学界饱受争议。周斌在实验小鼠体内利用双同源重组酶系统标记和示踪这种干细胞,为支气管肺泡干细胞"验明正身",证明它们确实存在,并揭示其体内功能。他发现,当利用药物损伤小鼠的肺支气管后,支气管肺泡干细胞能增殖、分化为支气管棒状上皮细胞和纤毛细胞;而当利用药物损伤小鼠的肺泡组织后，这群干细胞又能增殖分化为 I 型和 II 型肺泡上皮细胞，进而恢复肺功能。该研究为肺脏的损伤修复以及再生医学研究提供了新的思路。

与肺脏相似，肝脏具有很强的再生能力。部分肝脏切除后，依赖其自我增殖可实现再生。但是究竟哪一群肝细胞具有较强的增殖能力？利用传统方法检测细胞增殖效果很差，这个谜团长期无解。

周斌研究组开发了一种能够捕捉细胞增殖的录像机——ProTracer，既可以在长时间内不间断地追踪细胞增殖，又可以精准定位，追踪到某一特定细胞亚群的增殖。"就像是让黑夜中只有被锁定目标的'星群'发光，而不是在满天繁星中找寻其中一两颗。"周斌表示，在小鼠实验中，他们利用这项技术给增殖的肝细胞打上"唯一标记"，经过长时间密切追踪，最终发现成体肝脏中新生肝细胞主要来源于肝小叶中间区域的肝细胞。

## 冠状动脉的两种起源

冠心病引起的心肌梗死是全球人口因疾病死亡的首要原因。研究心脏冠状动脉的"身世"，也许能为临床治疗提供重大意义。

以往科学界普遍认为，心脏冠状动脉从心脏外表面长出，像树枝生长一样自外向内，血管越来越多、越来越密。然而，在对转基因小鼠进行谱系示踪时，周斌偶然发现，心脏中的一部分冠状动脉居然是在小鼠出生后才自内向外开始生长的。

除已经认知的心外膜，冠状动脉另一个重要"摇篮"——心内膜逐渐浮出水面。在小鼠胚胎晚期和出生后，心肌小梁致密化，心内膜变成血管。与心外膜冠状动脉血管像树一样的生长模式截然不同，心内膜冠状动脉血管像河流——先由涓涓细流汇入小河,再进入大江。这两种不同起源的冠状动脉血管群,在出生后仍然保持着空间上的位置独特性。

冠状动脉的两种起源,为治疗心肌梗死以及其他先天性心脏病提供了哪些重要线索?周斌说,心梗过程中,大量心肌细胞死亡是因为心肌细胞缺少足够的血管来供应血液,因此,治疗"心梗"等相关心脏疾病,可以通过促进血管新生来增加血液供应。"这一研究发现告诉我们,冠状动脉不仅来源于胚胎期心脏表面血管的扩增,而且心内膜也具有变成冠状动脉的能力。弄清这一机理,科学家就能依此寻找新的治疗方法。"

# 第二篇

## 面向经济主战场

# 洋山四期生产效率是传统码头的 213%，创世界纪录

**黄海华**

生产效率是传统码头的 213%，意味着什么？

当记者置身于 223 万平方米的洋山四期集装箱码头，只见数百台轨道吊和无人驾驶自动导引车在来往穿梭，而地面上竟然看不到一个人。

作为目前全球单体规模最大、智能化程度最高的集装箱码头，洋山四期凭借上海港自主研发的自动化码头智能生产管理控制系统，在全球港口行业首次实现全业务自动化和核心业务智能化。

从货物的卸载到堆放再到离场,所有的步骤都由智能生产管理控制系统这一"大脑"实时精准掌控。

"洋山四期超大型自动化集装箱码头关键技术研究与应用"荣获 2020 年度上海市科技进步奖特等奖,部分成果分别已在 14 个国内外码头中得到应用。

## 最大难点是构建自动化码头"大脑"

港口是实施国家战略的"硬核"力量,在洋山深水港建设自动化码头,是增强港口核心能力,适应当今世界港口科技发展趋势的必然选择。

上海港集装箱吞吐量已连续十一年保持世界第一。与此同时,上海港坚持把科技创新作为引领企业发展的第一动力,聚焦科技强港建设,集中力量攻克关键技术,尤其是在自动化集装箱码头这一未来港口发展的主要方向上。

在洋山四期集装箱码头建设中,最大的难点就是构建自动化码头"大脑":智能生产管理控制系统。该系统外连海运船舶、道路运输、口岸监管等单位,内连计划调度、设备设施各执行与传感单元,覆盖码头作业多场景、全流程,必须具有极高的功能适应性、性能高效性和运营可靠性。

传统的自动化码头操控系统,采用主从式分级分层管控模式,对于某个箱子应该放在堆场的哪个位置，一般只计算一次。但实际情况要复杂得多，比如，堆场的箱子一般有 5 层，如果最底下的箱子需要最先装载，翻箱率势必就高；不断地有箱子进场，还需要实时进行调整。无疑，这样的传统模式协同效率低，系统响应慢，制约了码头整体运营效率的提升。

"假设一艘船有 2 千个集装箱，既要考虑堆场时顺带把空箱带回岸边，也要避免在未来几天取货时过高的翻箱率。"上港集团技术中心主任黄秀松告诉解放日报·上观新闻记者，这需要细化每一个环节，比如：船舶到岸后应停靠在哪个区域，需要安排多少机械来卸货，卸货时从船的两边还是中间开始。

有别于传统的自动化码头操控系统，面对大规模实时作业管控需求，一个超大型自动化集装箱码头的智能管控系统，在感知、交互、监控方面的数据必然大幅增加，协同控制的计算量也呈几何级上升。

如何提高洋山四期集装箱码头"一盘棋"的协同效率？对此，上港集团牵头集智攻关，构建起了数据差异量化模型和相关算法，攻克了无人设备全域感知、多体协同等核心技术，基于流程与数据双驱动的信息交互平台，创新研发了智能作业管控系统，解决了由于作业时空多变、状态不确定导致的"协同难"关键问题，实现了系统与设备的海量数据动态协同与高效可靠，核心功能与性能全面超越国外产品，能力与效率均居全球自动化码头首位。

"过去我们配载一艘船需要 4 小时，现在只需 15 分钟。"黄秀松说。

过去配载一艘船需要4小时，现在只需15分钟只需7名操作人员就可远程操控108个轨道吊

## 年吞吐量和作业效率居世界自动化码头首位

走进洋山四期集装箱码头的轨道吊远程操控中心，不大且安静。

"过去，108台轨道吊需要108名操作人员现场作业，如今实现了高度自动化，只需7名操作人员实施远程监控及特定场景参与操控即可。"上港集团尚东集装箱码头分公司副总经理孙金余告诉记者。

不管是轨道吊、桥吊，还是无人驾驶自动引导车等各类设备都会实时显示状态，一旦发生作业繁忙、机械故障等情况，系统会实时预警，监控人员可以第一时间进行调整、修复，使整体作业始终保持均衡，提升了码头的生产力。

由于在全球港口行业首次实现全业务自动化和核心业务智能化，洋山四期打破国外技术垄断并实现反超，年吞吐量和作业效率均居世界自动化码头首位，劳动环境极大改善，码头作业实现零排放。自2017年12月开港以来，洋山四期的规模不断扩大，产能不断释放，2018年达到201万标准箱，2019年实现327万标准箱，2020年突破420万标准箱。生产效率是传统码头的213%，屡创世界纪录，昼夜吞吐量达 20823.25 标准箱。

## 每台集装箱要被精确吊起，颇具技术含金量

除了构建自动化码头"大脑"，洋山四期在设备制造和码头设计方面也涌现了很多创新点。

每台集装箱要被精确地吊起，看似简单，实际上颇具技术"含金量"。它不仅需要解决船舶摇晃导致的集装箱对位变化，还需解决气候风向导致的吊具摇晃等难题。技术人员为此创新研发了三维特征人工智能感知、吊具高精度自动扭摆控制等技术，从而实现对集装箱位置的实时感知、对吊具状态的精确控制，提升了约 20％的码头运营效率。此外，还首创了轨道吊的双箱装卸、多种轨道吊柔性混合布局的自动化操作技术。

由于洋山地区不均匀的深厚软土地基，带来了码头堆场建设工程复杂、变形控制难的问题，技术人员创新提出深厚软土地基—轨道基础—轨道协同设计方法，研发了堆场双重可调式轨道基础和新型轨枕结构，形成了一套自动化集装码头道路堆场沉降控制的创新技术，在有效解决地基问题的同时，还显著节约了工期和投资。

## 2022 年单体码头年吞吐能力提升 50％以上

"与目前世界上最新建设的自动化集装箱码头相比，洋山四期的智能化程度仍具有先进性，这体现了规划设计的前瞻性，以及后续创新的可持续性。"上港集团副总裁方怀瑾告诉记者。

洋山四期的成熟运行是我国港口科技发展新的里程碑，标志着

上海国际航运中心参与国际经济合作与竞争形成了新的"硬核"力量。开港三年多来,洋山四期的生产管控系统运行稳定,未发生因系统原因导致停产的情况。

面向超大型自动化集装箱码头装卸、堆存、转运、进出道口等多种作业场景,智能生产管理控制系统这一指挥整个码头运作的"大脑",还在不断地升级迭代,以实现港口运营管理能力和综合服务能力的不断提升。

为持续保持技术领先优势,在上海市科委支持下,上港集团牵头承担了"网络协同制造和智能工厂"国家重点专项共性关键技术的研发,将进一步减少人工干预,优化资源任务匹配。

预计到 2022 年,该项目将完成我国首个拥有完全自主知识产权的超大型自动化集装箱码头智能操作系统的升级研发,推进码头运营效率再次大幅提升,实现整体桥吊平均台时效率提升 10％以上、单体码头年吞吐能力提升 50％以上。

（视频截图,视频由作者拍摄）

# 攻克燃料电池核心部件，交大实现双极板产业化

**俞陶然**

以氢气为能源的燃料电池汽车已进入商业化阶段，有望成为未来汽车的主力军。如何把这种新能源汽车的核心部件掌握在自己手里？荣获2019年度上海市技术发明奖特等奖的"高功率密度燃料电池薄型金属双极板及批量化精密制造技术"项目，给国人带来了喜讯和启发。

双极板是燃料电池的核心部件之一，上海交通大学科研团队经过15年研发，与上汽集团、新源动力、上海治臻等企业合作研制出了具有自主知识产权的金属双极板。这种采用"两板三场"结构设计的双极板是国际首创，其性能指标达到国际先进水平。由国产双极板串联层叠组成的车用电堆，功率为115千瓦，处于国际"领跑"地位，实现了燃料电池汽车的全功率驱动。

# "15年磨一剑"初心不改

"研发燃料电池的人要有情怀,在看不清市场前景的情况下,也不能放弃。"作为项目第一完成人,上海交大机械与动力工程学院来新民教授感慨道。燃料电池以氢气、空气中的氧气等为原料,在催化剂作用下通过化学反应产生电流,排放的是水,不会造成空气污染。业界普遍认为,加注氢气的燃料电池汽车是汽车未来发展的一种"终极形态"。与纯电动汽车相比,燃料电池汽车的加注时间很短,续航里程更长,环保性能更优。然而在各种新能源汽车中,燃料电池汽车的商业化进程较慢,市场前景长期以来不太明晰。

早在2005年,来新民就开始带领团队研发燃料电池双极板。在"15年磨一剑"历程中,他们遇到过很多技术挑战,也一度因看不清燃料电池汽车的发展前景而感到困惑,但他们选择了坚持,始终没有改变研究方向。

从2017年起,中国、日本、韩国、欧盟和美国相继发布了氢能发展规划。根据我国政府规划,到2030年,国内燃料电池汽车将达到百万辆规模。根据上海市政府规划,到2025年,上海要形成系列化燃料电池电堆产品,燃料电池汽车技术同步国际水平,全产业链年产值破1000亿元,建成加氢站50座,乘用车不少于2万辆、其他特种车辆不少于1万辆,在公交、商用大巴、物流车等前期试点基础上扩大示范规模;到2030年,上海燃料电池汽车技术和制造总体上要达到国外同等水平,全产业链年产值突破3000亿元,带动全国燃料电池应用产品多元化应用。

如何实现我国氢能蓝图、打造上海产业高地?研发燃料电池的关键核心技术是必由之路。作为核心部件，双极板占电堆体积的80％，承载着氢气场、氧气场、冷却液流场"三场"的传输和导电功能。在厚度仅为1毫米左右的金属双极板上，分布着密密麻麻的流道，精度达到微米级，氢气、氧气、冷却液就在这些流道里传输，发生奇妙的电化学反应。近年来，日本、欧洲企业研制出钛合金双极板，取代了传统的石墨双极板。如果中国企业无法制造这种部件，国内汽车企业就只能依赖进口。

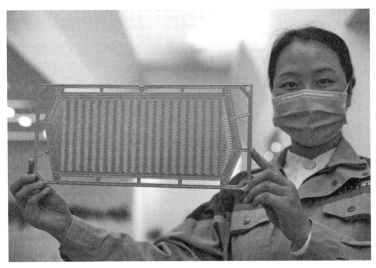

**研发人员展示燃料电池双极板**（赖鑫琳　摄）

## 创新策源实现"两板三场"

突破关键核心技术的秘诀是什么？来新民认为，基础研究的创新策源、与产业界合作的工程实践，是高校科研成功的两大法宝。

日本、欧洲企业生产的金属双极板都采用"三板三场"结构设计，即用阳极板、隔板、阴极板将氢气场、氧气场、冷却液流场隔开。能否简化这种结构，去掉隔板，改为"两板三场"？在研发早期阶段，交大团队提出了这一原创构想。"三块板的用料比较多，不仅增加了成本，而且分量也重，这样就会影响燃料电池的功率密度。"特等奖项目第六完成人、上海治臻总经理蓝树槐博士解释说。

为实现"两板三场"的构想，交大团队开展了持续数年的基础研究，提出"层越设计"等多个原创性理论，让氢气、氧气等气体从进口公用管道进入分配区后，能自行翻过流场，从而省去中间的隔板。经过三代 12 款双极板研发，"两板三场"结构不断改进，已得到充分的工程验证。目前，沪研双极板的厚度在 1 毫米以内，功率密度超过 3 千瓦/升，达到国际领先水平。

材料方面，交大的技术路径也与众不同。日本、欧洲企业用钛合金取代传统的石墨，而我国缺钛，所以交大团队制定了"不锈钢＋复合涂层"方案。经过多年摸索，他们发明了钛、铬、氮、碳等多元复合涂层，层数有二三十层之多，每一层的工艺各不相同。由于十分致密，复合涂层的厚度在 100 纳米以下，具有高耐蚀、高导电性能。经测试，其接触电阻和腐蚀电流显著优于国外先进涂层，还通过了车用 5000 小时寿命考核。

在原创性研究的基础上，交大团队从 2009 年起与上汽集团、新源动力合作，实施了连续 5 期的燃料电池技术攻关项目。2015 年，国内第一辆采用金属双极板的燃料电池轿车在上汽问世。迄今为止，这个产学研合作团队已获中国发明专利授权 37 件，申请 PCT（专利合作条约）专利 5 件，编制国家标准 13 项。

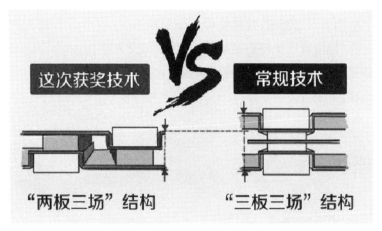

"两板三场"结构优于"三板三场"结构（王美杰　制图）

## 教师辞职创业，推进产业化

交大团队创办企业，实现从科研到产业的转化，也是他们成功的一个原因。2016年3月，上海治臻新能源装备有限公司在临港成立，成为国内第一家专注于金属双极板研发与制造的企业。这家企业的天使投资来自上汽创投，交大将10件双极板核心专利转让给企业，让这些发明成果在产业化道路上发挥出更大的价值。

上海治臻由上海交通大学科研团队发起建立，是国内领先的燃料电池金属双极板供应商，公司拥有完全自主知识产权，专注于低成本、高性能的燃料电池金属极板产业化，开发了燃料电池金属极板流场设计、精密成形、高速焊接、高性能涂层等先进技术。公司拥有多项专利技术和国内一流水平的研发团队，并打造了完整的燃料电池金属极板生产线。

作为公司总经理,蓝树槐曾是交大教师。为了全身心投入产业化工作,他没有选择停薪留职,而是辞去了交大工作。"办企业和做科研是两回事。"谈及自己的辞职创业,蓝树槐说,"如果我上午在交大上课,下午去公司办公,这种状态是不可持续的。"

上海治臻在生产燃料电池双极板(赖鑫琳　摄)

在上海市科委和临港集团的持续支持下,上海治臻 2017 年建成了国内首条具有自主知识产权的燃料电池金属双极板生产线,设计年产能达到 50 万片以上,成为国内最大的金属双极板供应商之一。冲压、焊接、涂层、密封、检验……在公司生产车间,解放日报·上观新闻记者观看了整个生产流程,这些国产双极板已应用于国内 10 家整车制造企业。预计 2021 年 6 月,第二条年产数百万片的生产线将建成,满足日益增长的燃料电池市场需求。

上海治臻成立后,交大团队培养的研究生也有了好去处。目前,公司有毕业于交大的 4 名博士和 2 名硕士。"我读研究生时,一直在研究金属双极板。"姜天豪博士告诉记者,"毕业后来治臻工作,让我实现了从学习到工作的无缝对接,立马就能学以致用。"据了解,公司将继续招聘来自各地高校的博士和硕士,扩充高水平研发队伍,为进一步提升金属双极板性能和开拓市场应用奠定基础。

# 从依赖进口到全球领先，
# 宝钢攻克"钢铁之心"

**侍佳妮**

在三峡水电站、西电东输的各种大型变压器中，有一种特殊的钢铁产品：取向硅钢。它是变压器里的核心制造材料，被称为钢铁产品中"皇冠上的明珠"。2008 年之前，世界上只有少数国家的钢铁企业有能力制造取向硅钢。当时，我国是世界上最大的取向硅钢进口国，尤其是用于高性能变压器的高等级取向硅钢，几乎全部依赖进口。

可喜的是，短短十几年间，中国在这一领域的发展可谓突飞猛进。如今以宝钢硅钢为代表的中国取向硅钢技术，与国外技术相比，已经领先半个身位。2021 年 11 月 3 日，2020 年度国家科学技术奖励大会召开。宝山钢铁股份有限公司（简称"宝钢股份"）牵头的"特高压高能效输变电装备用超低损耗取向硅钢开发与应用"项目荣获"国家科技进步奖"二等奖。

# "钢铁之心"为何神奇

硅钢是含硅为 $1.0\%\sim4.5\%$，含碳量小于 $0.08\%$ 的硅合金钢，主要用作电机、变压器、电器以及电工仪表中的磁性材料。它具有导磁率高、矫顽力低、电阻系数大等特性，因而磁滞损失和涡流损失都小，降低电力运输过程中的电能损耗。简而言之，就是省电。

作为硅钢的一种，取向硅钢因为晶粒取向与轧制方向高度一致而得名，含硅量在 $3\%$ 左右。晶粒取向偏离越小，硅钢的电磁性能就越高；含硅量高，则意味着电磁特性，特别是损耗特性优异。据悉，变压器铁芯损耗约占输变电损耗的 $20\%$ 至 $30\%$，在同等条件下，采用更低损耗的取向硅钢，可以降低变压器空载损耗。因此，取向硅钢成了各类变压器不可或缺的"钢铁之心"。

从外观来看，洗去涂层的取向硅钢表面结构分布着一块块拼接起来的"地图"，专家介绍："这一块块不规则的'地图'就是取向硅钢的晶粒，经过酸洗处理后在显微镜观测下会发现一种呈菱形的蚀坑，可以观察到方向与钢板轧制方向完全一致。"

十余年磨一剑，宝钢对制造取向硅钢的关键技术进行了长期钻研。作为中国钢铁业的领军者，宝钢股份经得起千锤百炼。

据悉，用传统高温制造工艺生产硅钢非常困难，要求近 $1400℃$ 的再加热温度，钢坯熔化，出现"挂渣"，像北方冬天屋檐上挂的一排排冰凌一般。宝钢人深入研究，经过成百上千次试验探索，独辟蹊径，自主创新出一种低温制造工艺，将传统加热炉温度降低了 $200℃$ 以上，大大降低了取向硅钢的制造难度。

2008 年下半年，低温高磁感取向硅钢、激光刻痕取向硅钢产品在宝钢相继下线,并实现批量生产。此后 8 年,宝钢高端取向硅钢新产品全面替代进口产品,突破了曾经被"卡脖子"的困境,我国高端取向硅钢进口量下降 50% 以上,均价降低约 60%。宝钢"低温高磁感取向硅钢研发与产业化"项目获得 2013 年度国家科技进步一等奖。

## 突破传统再获大奖

尽管已经获得国家科技进步一等奖,宝钢人并没有止步于此,仍然对取向硅钢生产技术进行不断改进。取向硅钢制造原理是通过二次再结晶过程,使仅占初次再结晶约 1% 的高斯取向,发展成 100%,以获得轧制方向优良的导磁性能,这一次要攻破的难题正在于此。

"超低损耗取向硅钢的技术要素是取向偏离角 $\leqslant 4.5°$、含硅 3.5%、薄规格化,以及优良底层和磁畴细化,控制要求极为苛刻。其中如何降低取向偏离角是全世界都头疼的难题,各国卡在 8° 和 6° 水平,分别停留了 30 年和 50 年之久。"专家表示,这些要素远超出原有的技术体系和产线装备的能力极限,因此必须从材料设计、制造工艺、产线开发、科学应用四个方面入手,进行全产业链系统创新,予以突破。

从材料设计入手,宝钢在国际上首次提出新型复合抑制剂体系,创建了初次再结晶织构调控模型与多因素耦合二次再结晶动力学模型,实现了取向偏离角的精确控制;在制造工艺方面,宝钢系统突破了关键工艺瓶颈,率先实现了关键元素精确控制、高硅取向硅钢的轧制及在线高速刻痕。

科学应用方面,针对特高压变压器工况复杂、没有系统设计数据与成熟经验等情况,宝钢与用户联合发明了模拟特高压工况的测试平台，建立了超低损耗取向硅钢工况性能数据库，成功优化了±1100KV特高压变压器设计，建立了全球唯一的特高压超低损耗取向硅钢标准。

产线开发方面，宝钢开发出全球首套、唯一一条0.18mm和0.20mm的专用产线，装备技术水平及规模化制造能力国际领先，具有高效化、高精度化、智能化等优点。高效化，是指整条产线从冷轧工序到热拉伸涂层刻痕工序，所有机组速度均为世界最高，平均生产效率较国外水平提高近20%；高精度化，是指轧制厚度、退火机组气氛控制、涂层厚度等关键工艺指标控制精度均达到世界最高水平；智能化，即产线具备轧机板形全自动控制、涂料自动配液、带钢缺陷智能识别和判定功能。

根据测算，如果采用该产线生产的超低损耗取向硅钢新产品，制造新一级能效变压器替代我国现有配电网高耗能变压器，年节电可达845亿千瓦时。这个数字相当惊人，相当于2020年上海全年用电量（1575.96亿千瓦时）的一半！

## 产品助力重点项目

宝钢全球首套超低损耗取向硅钢高效专用产线生产出的产品，已经应用于国内外多个重点工程，其中就有全世界唯一的、电压等级最高、输电容量最大、输送距离最远、技术水平最先进的±1100kV昌吉—古泉特高压直流工程。

横跨三千多公里，穿越大半个中国，昌吉-古泉特高压直流工程起于新疆准东（昌吉）换流站，止于安徽宣城（古泉）换流站，途经新疆、甘肃、宁夏、陕西、河南、安徽六省区，饱览祖国的幅员辽阔和壮丽河山。

与常规特高压直流工程相比,昌吉至古泉工程从电压等级±800千伏上升至±1100千伏,输送容量从640万千瓦上升至1200万千瓦,经济输电距离提升至3000至5000公里。专家表示:"该工程刷新了世界电网技术的新高度,开启了特高压输电技术发展的新纪元,对于全球能源互联网的发展具有重大的示范作用。"

中国特高压技术"走出去"的处女作——巴西美丽山特高压输电项目,也使用了宝钢新产线所生产的取向硅钢。美丽山二期项目北起"地球之肺"亚马逊雨林的美丽山水电站,南达"上帝之城"里约热内卢,工程总长超过2500千米。

据悉,"特高压高能效输变电装备用超低损耗取向硅钢开发与应用"项目由宝钢股份牵头,与东北大学、全球能源互联网研究院有限公司、保定天威保变电气股份有限公司共同合作完成。

# 每年节省电费10亿元，国产"高铁生命线"有何秘诀

**李蕾**

　　截至2019年底，中国高铁里程达3.5万公里，高铁网越织越密！

　　有人不禁要问：电气化高速铁路的电从哪里来？答案很简单——电网。但是，因为高铁比较特殊，需要将电厂发出来的电通过接触网供给铁路，才能使列车在行驶过程中，源源不断地获取电源。在高铁站，当你走近列车，可以看到，车辆上方悬挂着两根铜线，一根是承力索，另外一根就是承担着"供电"重任的接触线。在高铁这个复杂系统中，接触线就好比是"身体的血管"一样重要。

　　针对高铁接触线，上海理工大学刘平教授团队用了近20年的时间，专注研发"高速铁路用高性能铜合金接触线关键技术"，荣获2019年度上海市科技进步奖一等奖。这一技术的应用，带来了可观的经济效益——近三年新增产值超过30亿元，新增利润超过2亿元，每年可为高速铁路运行节省电费至少10亿元。

## 何为电气化铁路?

电气化铁路,是指能供电力火车运行的铁路,因这类铁路的沿线都需要配套相应的电气化设备为列车提供电力保障而得名。电气化铁路是伴随着电力机车的出现而产生的,因为电力机车本身不自带能源,需要铁路沿途的供电系统源源不断地为其输送电能来驱动车辆。由于电力机车相比内燃机车有更强的运力优势,所以相同规模下电气化铁路的运输能力远超过非电气化铁路,成为现代化铁路的主流类型。

电气化铁路是当代最重要的一种铁路类型,沿途设有大量电气设备为电力机车(含动车组和非动车组)提供持续的动力能源。电力机车本身不带能源,所需电能由电力牵引供电系统提供。牵引供电系统主要是由牵引变电所和接触网(或供电轨)两大部分组成。变电所设在铁道附近,它将从发电厂经高压输电线或高压输电缆送过来的电流送到铁路上空的接触电网或铁轨旁边的供电轨道中,接触网或供电轨则是向电力机车直接输送电能的电气设备，电力机车通过集电弓或导电车轮从接触网或供电轨中获得所需电能。电气化铁路最早来源于有轨电车，后经过多年的发展演变不断地拓展运用至其他种类的铁路系统中。

牵引供电系统主要是指牵引变电所和接触网两大部分。变电所设在铁道附近，它将从发电厂经高压输电线送来的电能，送到铁路上空的接触网上；接触网是向电力机车直接输送电能的设备。沿着铁路线的两旁，架设着一排支柱，上面悬挂着金属线，即为接触网，它也可以被看作是电气化铁路的动脉。电力机车利用车顶的受电弓从接触网获得电能，牵引列车运行，牵引供电制式按接触网的电流制有直流制和交流制两种。我国电气化铁路的牵引供电制式从一开始就采用单相工频（50 赫）25 千伏交流制，这一选择有利于今后电气化铁路的发展。

和传统的蒸汽机车或柴油机车牵引列车运行的铁路不同,电气化铁路是指从外部电源和牵引供电系统获得电能,通过电力机车牵引列车运行的铁路。电气化铁路具有运输能力大、行驶速度快、消耗能源少、运营成本低、工作条件好等优点,对运量大的干线铁路和具有陡坡、长大隧道的山区干线铁路实现电气化,在技术上、经济上均有明显的优越性。

## 成本降低超 60%

众所周知,接触线是电气化高速列车牵引供电系统的核心环节,也是我国发展高速铁路所面临的关键技术之一,直接影响到列车的运行安全和速度。通过接触线向高速列车输送电能并使其得到源源不断的能量,才有可能创造列车"贴地飞行"的速度。

研发"高速铁路用高性能铜合金接触线关键技术"的核心专家上海理工大学刘平教授在接受采访时表示,这一由 30 项专利组成的研究成果打破了国外技术垄断与封锁,带动了整个接触线制造行业的发展,为我国高速铁路的发展做出重要贡献。

"最初的接触线技术都是从欧洲、日本引进的。"身为刘平研究团队成员之一的上海理工大学教师周洪雷告诉记者，随着高铁的快速发展，高速运行的列车受电弓对接触线提出更高强度、更优导电性能的要求。但是，当时相关技术由国外企业垄断，技术受限、产量受限、高昂的原料加工费，令大家感到"国产化"刻不容缓。

从 2002 年开始，刘平教授带领着二十多人的团队开始着手研究，2007 年开始和企业合作，进行产业化。如今，非但高铁接触线的性能比原来从国外引进的接触线性能更加优越，加工费也一降再降，成本大约降低约 60%。

## 零的突破

为何性能有如此大的提升？周洪雷解释，主要在成分上进行了微调，加入了微量的合金元素，使得接触线的强度、导电性、耐磨性得到了提高。

"通过开发微合金协同强化技术，突破了铜合金接触线高导电与高强度，以及与高耐磨、抗软化等性能协同优化的技术难题。"刘平团队成员之一的上海理工大学教师陈小红告诉记者，经过反复实验研究，研制出了铜锡、铜镁、铜银、铜铬锆四个系列的高性能铜合金接触线，开发了高效率、低成本、大规模、易推广的高性能铜合金接触线制备关键技术。

十多年来，刘平团队全面展开研发工作，改进合金比例，改良制造设备，发明了铜银、铜镁微合金协同强化和成分精准控制技术，实现了接触线的导电与强度、耐磨及抗软化性能的协同提升。其中，把高强度、高活性的"镁"和高导电性的"铜"结合在一起，在提高强度的同时确保高导电性能，这些"铁人三项"障碍关口被逐一攻破。

　　这其中最大的技术难点在于：客观条件需要同时提升材料性能，但强度和导电率是一个矛盾。现在要达到"双赢"，即在保障强度不降低的情况下提高导电率，十分不容易。尽管这个方向研究的人很多，但是因为合金成分不同，用的方法不一样，加工技术也不同，性能更有所差异。再加上，合金的熔炼过程，会出现开裂、夹杂、起皮、断杆等现象，只能在现场试验过程中，不断调整工艺，逐步解决。

　　不仅如此，实际应用场合中必须确保接触线能满足使用长度要求，接触线的平均长度约 1.5 公里，不能有断点、焊接、缺陷，所以要"一气呵成"。通过大量的试验、改进，铜镁接触线的导电率达 73% IACS（国际退火铜标准）、抗拉强度达 555 兆帕。

# 近20年的专注

此外,刘平团队还开发了350千米/小时以上高速铁路用的高强高导铜铬锆合金接触线的上引连铸关键技术,实现了产业化中锆元素的收得率超过68%,产品抗拉强度达600兆帕、导电率达80% IACS和伸长率达10.2%。

近20年的持续的研发和改进,刘平团队开发了具有国际先进水平的高质量、低成本、连续化制备接触线的关键技术,实现了具有自主知识产权的高性能铜合金接触线国产化制备。与同水平连铸生产技术相比,直接降低成本40%,降低能耗35%,提高成材率9%。

近十年来,成果已在我国京津、京张、郑西、武广、哈大等80%的高铁项目中使用,上海轨道交通2号线、7号线、8号线、9号线,北京地铁16号线等多条地铁线路上也得到推广应用,并出口白俄罗斯、韩国、澳大利亚等国家。

# 上海地铁网络背后的"智慧大脑"

李蕾

　　上海轨道交通运营里程居世界第一,承载着上海市民日出行总量的 67% 以上,工作日最大客流超过 1400 万人次。作为列车和车站运营保障的供电系统,目前管辖着 831 公里运营里程,共有 1103 座变电站。这是什么概念? 相当于国家电网上海市南、市北两家供电公司管辖的设备体量总和;2449.32 公里的接触网(轨)设备,则相当于 3 倍左右的上海地铁运营里程。而且,这一数据还在增加——到 2025 年,管辖规模将达到 18 条线路 1000 公里,1240座变电站,2600 余条公里的接触网(轨)线路。

　　随着城市轨交大规模基础设施建设和网络化运维格局的形成,设施设备数量增加、故障率升高、突发性事件增多给供电保障工作带来巨大压力,推进精细化管理、标准化作业、智能化运维的任务越来越紧迫。上海地铁在用电智能化管理方面进行了探索,并设计出"上海轨交供电智能运维体系",在行业内首创集设备状态实时感知预警、全寿命管理、业务流程智能驱动、专家分析四大核心功能于一体的轨交超大规模网络化供电智能运维体系。

目前，该项目荣获 2020 年度上海市科技进步二等奖，已授权专利 19 项，其中发明专利 10 项，通过近三年的技术成果应用，新增产值 5.87 亿元，新增利税 7489.90 万元，并取得良好的社会和经济效益。

## 智能感知，提升准确度

复杂的地铁线路，若是出了故障，光排查就很费时间。以往，故障发生后，检修人员先要赶到事故点，排查后，再返回带上专业、匹配的维修工具或零部件进行抢修。"这样，非但很被动，效率也不高。"上海地铁维护保障有限公司供电分公司副总经理郭志坦言。

现在，上海地铁部门研发出"共用智能平台"，突破了多项供电系统核心设备的智能感知技术,提高设备状态检测效率和准确度。

具体来说,就是采用物联网技术,融合了轨交供电智能综合采集终端、接触网悬挂状态检测车、视频监控和能耗、可视化接地等十多种监测系统,实现对轨交供电设备状态、负荷、安防及环境的 24 小时实时监测和数据采集。消除监测盲点,改善和取代现场重复性人工劳动和纸质记录,提高设备状态监测及故障预警告警的及时性和准确性。

标准曲线对比　　　　　　　　负载率冗余度分析

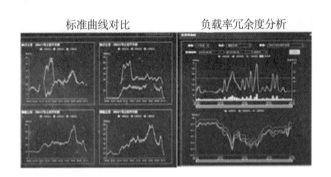

比如,上海地铁研发了国内领先的接触网悬挂状态综合检测技术。这一装置安装在检测车上,用于夜间视频巡检,采用先进精确定位、高速图像采集、图像自动识别技术,实现时速 0—120 公里条件下接触网悬挂部件工况图像的高速采集、存储。超高清精准定位技术,实现了同一线路同一零部件每次抓拍误差 1 厘米左右。"以往,都是故障发生后才能知道,现在零部件稍微有些松动、脱落、开裂等,都可进行全面检查并及时预警。"郭志说,这样不仅提高了故障鉴别的准确性,还减少了故障发生率。

此外,上海地铁使用人工智能技术,自动收集并自动生成以线、区段、局为单位的故障分析报告及故障案例库,实现包络线、接触网磨耗等关键部件状态异常的自动分析识别及预警,形成接触网的维修建议。这一技术代替了传统的步行巡视,提高了对设备状态的巡检频次和故障识别、预警效率。

## 海量数据协同优化处理

多源异构多模态海量数据协同优化处理技术,解决了轨交供电数据灵活应用的难点。轨交供电业务的信息数据种类繁多、特征差异明显。其中,实时感知类数据系统数量多,数据变化也快,并发访问效率要求高,几乎每30秒接收82678条实时数据;同时,历史留存数据量大,大约有50余类设备、900多项数据、70余万条业务要素,这些都需要快速处理。

不仅如此,分析类数据运算处理量大,每日达到2.3TB,实时分析效率要求高,中间计算复杂度高,而且这些对反馈控制和时间的要求都很高。

如何实现异构数据和数据库产品的融合?上海地铁在国内轨交供电行业首次采用多源异构多模态数据存储技术,实现海量数据的汇聚,并为不同应用场景提供统一的数据服务接口,提高应用效率和资源利用率。以轨交供电维保运营数据为基础,运用数据挖掘方法对不同轨交供电故障类别进行风险等级划分,建立高频次、高风险事故故障数风险等级据库;将供电运营数据的挖掘结果在城市轨道交通供电智能维保管理系统中进行应用,可以为轨交供电运营管理单位提供应急条件下的决策支持。

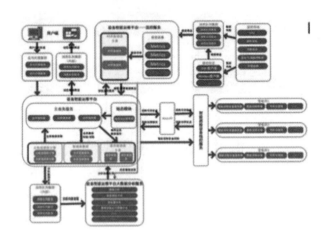

这一成果在上海地铁得到应用肯定。它满足了 50 余类设备、900 多项数据、70 余万条业务要素的存储和处理优化要求,可同时管控 175 台智能巡检设备及监控设备,每 30 秒接收 82678 条实时数据,每日数据分析量达 115G。在高频暂态数据上,存储空间减少 80%,查询速度提高两倍。

## 运用底层数据,加强趋势预测

知道的信息变多了,管理的重点就更明显了。

在上海轨交供电业务中,管辖的 900 多个变电站中,每个变电站约有 6000 个设备属性数据监测点,实时采集运行状态数据。受客流、天气、设备状况等因素的影响,这些数据也会随之发生较大幅度和频率的变化。因为缺乏针对轨交供电设备的数据建模和分析手段,所以无法对设备健康状况、风险故障、变化趋势等进行及时准确的研判和预测。

为此,上海地铁研发了供电设备运行标准曲线分析法,建立了设备健康度评价、状态评价、寿命评价、故障分析等模型。其中,供电设备运行曲线的"峰—谷"分析,为设备运行参数的设定提供了依据;预测曲线和离散点的分析,揭示线路运行的异常,做到事前防范。更进一步来说,上海地铁依托基础大数据,分析设施设备运行状态,逐步形成更为合理的经验型计划修模式;依托系统运行状态在线感知能力、在线监测状态数据,逐步形成专家型故障修模式。

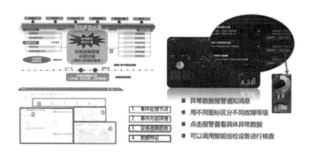

比如说,原来的故障信号比较简单:跳闸、短路,检修人员接到信号后,再去现场实地检查。但是现在,各种装置中的过程状态信息都可通过远程调取。为何能做到?原来,在开关中,加入不少传感器,把开关温度、驱动时间等机械特性变化,动作准确度等信息一并记录并通过建模分析，及时提醒"加润滑油"等进行预防性维修。"原来，即使单节电压发生故障，100多节电池都需要一个一个人工去测。"郭志说，现在通过数据传输远程就可看到，避免关键电压在放电时放不出来。"不仅如此，有了大数据建模，还能分析出哪些设备出故障的概率比较高，以后选设备时就会避免。"郭志介绍，通过这些底层数据的分析，为企业降本增效。

上海地铁的"智慧蓝图"正在绘就：专注强化智能数据采集、智能业务管理，智能数据分析的综合能力，打造设备状态实时感知和预警，设备全生命管理，生产业务全流程管控。

# "长腿大闸蟹"养殖推广至17省市，年创产值10亿元

李蕾

崇明"清水蟹"开捕啦！"今年因为气温适中，往年，螃蟹的第一次脱壳一般在3月底、4月初，今年3月初就第一次脱壳了。因此，开捕时间提早了半个月。"上海福岛水产养殖专业合作社理事长沈亚达告诉记者，今年虽然受疫情影响，但是蟹苗和成蟹的产量基本没有受到影响。据预计，今年福岛水产养殖专业合作社的蟹苗种产量约有25万斤，比往年增加了5万斤，成蟹产量3万斤至4万斤，和往年持平。

崇明清水蟹，其实就是中华绒螯蟹"江海21"品种，是上海海洋大学的科研成果，历经20多年的培育，具有完全自主知识产权，获得上海科技进步一等奖。如今，上海"江海21"这一"良种+良法"已推广到江苏、安徽、山东、江西、宁夏、新疆等16个省市区，年应用面积约40万亩，年创产值约10亿元。

今年，上海有望率先推出全国首批"绿色大闸蟹"，让消费者吃到更安全、更美味的蟹。

## 选种：大长腿＋高颜值

近几天，上海海洋大学水产与生命学院教授王成辉特别忙。除了上课，他来回奔波于上海、江苏等近30个大闸蟹养殖基地。原来，中华绒螯蟹"江海21"蟹苗在大闸蟹养殖基地"茁壮成长"后，现在正是丰收的季节。王成辉要实地去看大闸蟹的大小、品质、成活率、产量等，既为科研收集一手资料，又为明年选育蟹苗做好准备。

1994年到2004年，王成辉在上海海洋大学李思发教授带领下，持续10年对河蟹种质进行评估。他通过收集不同水系的大闸蟹发现，长江水系大闸蟹在洄游过程中经长期进化后，蟹腿长、额齿尖。一般来说，河蟹在长江口产卵，沿着长江往上游游，最远能到湖北，平均一天爬30公里至40公里。通常，河蟹的交配产卵在每年12月，每年 4 月左右孵出蟹苗，芒种的时候长成小螃蟹，开始往上爬。次年 10 月中旬开始，河蟹开始向下游进行繁育，从蟹苗种长到成熟的螃蟹一般要蜕壳 20 次，其中第二年要蜕 5 次壳。

　　每年 10 月 20 日左右，王成辉都要到大闸蟹的亲本基地去选蟹苗育种。目前，上海海洋大学直接管理的亲本基地在上海有 5 个，在江苏有 3 个。王成辉介绍，大闸蟹育种大多进行群体选育，即根据育种目标在每个世代中，将群体中表型好的个体选择出来留作种用，实行雌雄混合的群体繁育。通过连续几代的选择，进而培育成遗传性状稳定、表型性状突出的新品种。"亲本选育，通俗地说就是'选新郎新娘'。不仅要观察大闸蟹的外在表型，还要进行遗传分析，就好像'婚检'一样。"根据这些信息，最后考虑把哪两家的大闸蟹结亲家，将父母的优良性状结合起来，最大限度地保证遗传基因。

中华绒螯蟹"江海 21"较好地聚合了父本、母本双方的典型性状，具有生长速度快、形态性状好、群体产量高等特点，其外额齿尖，内额齿间缺刻呈"V"字形。选育出的"江海 21"河蟹新品种，改变了上海长期以来河蟹"有种源、无良种"的状况。在相同养殖条件下，与普通中华绒螯蟹相比，"江海 21"16 月龄蟹生长速度提高 17％以上，在产业界有"大长腿"之称。目前，雌蟹三两、雄蟹四两的"大个头"比例，从 2010 年的 20％提升到 2020 年的 70％。

如今，黄浦江大闸蟹享誉上海滩，崇明"乌小蟹"华丽转身为"崇明清水蟹"。上海成蟹养殖的"江海 21"良种覆盖率达到六成，崇明"崇螯清水大闸蟹"、松江"黄浦江大闸蟹"凭借良种和生态养殖优势，正在逐步打响品牌。这一新技术不仅推广至江苏、安徽等传统养蟹强省，还推广至广西、贵州、云南等新兴养蟹区，发展了我国低纬度、高海拔地区的大规格河蟹生态养成技术，打破了北纬 28 度以南养不出大规格河蟹的历史。

## 养殖：科学绿色饲养

光有"良种"还不够。俗话说，"螃蟹好不好，关键看水草；如果没水草，等于全白搞。"

水草的重要性不言而喻。上海海洋大学水产与生命学院高级工程师王春介绍，水草的作用有很多，他们不仅提供饵料，净化水质，还为河蟹脱壳提供隐蔽场所；有水草的地方，水清，营养搭配合理。"水草，就好比是'水底森林'。"上海福岛水产养殖专业合作社理事长、中国渔业协会河蟹分会副会长沈亚达介绍，水草的覆盖率要达到池塘养殖面积的 70％，不能少于 50％；水草并不能长得太高，水下 30 公分是最适宜的；如果水草长得过高，露出水面，就需要割掉，不然水草很容易腐烂。

水质也很重要。记者在现场看到，每一个养蟹的池塘边都有一个水质监测仪。"我们通过添加微生物制剂来调节水质，这种微生物制剂通常为芽孢杆菌等菌种，平衡水里的菌种，来调节水质的微生态。"沈亚达望着一汪蟹塘缓缓地说，一般一个月调水两次，水质好不好关键看透明度，要能看到水下 30 公分的才算达标。记者来到养蟹的池塘边一看，几乎能看到水下一米深了。

专注于大闸蟹"健康养殖"的王春高级工程师道出了另一个大闸蟹养殖的关键"秘笈"。目前大闸蟹养殖的基本模式为：种水草、放蟹苗、投螺蛳、投专用饲料。王春强调，我们不提倡随意使用动保产品。有时甚至根据实际情况"稀放"，也就是减少大闸蟹的投放密度。但是，每个地方又有不同的模式。

为什么要投螺蛳？王春解释，田螺本身可以净化水质，本身也是大闸蟹很好的天然饵料。"但是，每一次投放多少螺蛳很有讲究。过多不行，会和大闸蟹抢食；而且螺蛳本身是耗氧的，会造成水中缺氧。但如果投的螺蛳过小过少，大闸蟹又会"觉得不够塞牙缝"，"聪明"的螃蟹就不愿意吃了。因此，螺蛳的投放数量、时机都很有讲究。

在食用安全性更高的大闸蟹养殖中，全程使用绿色配合饲料可靠性更值得信赖。王春解释，因为田螺数量不可控，是否带有寄生虫或病毒、细菌也不清楚，其他饲料始终存在这样那样的问题。因此他推荐全程就用绿色配合饲料，这种配合饲料包含大闸蟹生长所需要的蛋白质、碳水化合物、脂类、维生素、矿物质等等，配比更合理更均衡，而且还能根据螃蟹的生长阶段进行配方的调整。

　　更重要的是，绿色饲料的来源十分有讲究，必须是带有"绿色"认证标志的非转基因原料。除此之外，绿色饲料的堆放、加工工艺也十分有讲究。既然要确保源头饲料是绿色的，还要确保饲料加工过程、使用过程也是绿色的。目前上海市农委绿色食品发展中心张维宜副主任介绍，金山枫泾一家企业生产的虾蟹饲料今年通过了中国绿色食品发展中心认证，成为国内第一家具有河蟹绿色配合饲料生产资格的企业，产品已用于崇明河蟹养殖。王春说，上海河蟹养殖行业正在成蟹养殖、扣蟹培育阶段推广使用绿色配合饲料，逐步完善从源头到终端的绿色河蟹品质追溯系统，预计不久后即可在全市实现。届时，"绿色养殖"将成为上海这个产业的主流，进一步提升大闸蟹的食用安全性和品质。

# 一朵香菇：为育种每年配制上万组合，科技助力脱贫

**侍佳妮**

一部热播电视剧《山海情》，让许多观众记住了"食用菌扶贫"。香菇就是我国的大宗食用菌，其味鲜美，营养丰富。将科技与扶贫相结合，谱写了食用菌发展历史中的一段佳话。然而令人意想不到的是，广袤神州遍地种植的香菇之中，其实有不少诞生于上海，最终飞向千家万户的餐桌。

2021 年，由上海市农业科学院副院长谭琦研究员研究团队牵头完成的"香菇种质创新和系列新品种培育及产业化关键技术研究与应用"项目荣获 2020 年度上海市科技进步奖一等奖。

## 创新技术选育优良新品种

种子是农业的"芯片"，孕育新品种离不开"博采众长"。谭琦介绍，1986 年，经农业农村部批准，上海市农科院成立了我国最早专门

从事食用菌种质保藏的"农业微生物中心上海食用菌分中心",80年代末就开始用液氮保存食用菌种质资源。经过多年努力,建成规模为国内第一、世界第二的香菇种质资源保藏库。

"目前资源库保藏香菇种质超过11000多份,保藏时间最长的材料在液氮中保存已经超35年。"谭琦说,资源库主要以超低温液氮保藏及常规4摄氏度保藏为主,主保藏库位于奉浦院区,有两个液氮罐(每罐可保存13200管)和一个冷库。在华漕院区建有备份库,有两个液氮罐。

在众多种质资源的基础上,谭琦团队创建异源细胞质等育种新技术,选育出"申香215"、1901Z等适合不同气候条件、栽培模式及市场需求的新品种,推动香菇品种的更新换代。那么异源细胞质育种是什么技术?

"一般菌种的种性由细胞核和细胞质这两个来源的遗传物质决定。"谭琦介绍,以往,香菇育种领域针对细胞核的遗传育种较多,而针对细胞质的育种尚未报道。"我们在研究中发现,通过原生质体制备、线粒体DNA分子标记等技术,将野生来源的香菇细胞质替换掉'申香215'等品种的原有细胞质后,可以明显改善原有品种的子实体大小和抗逆性,是一种新的育种途径。"

谭琦提到的"申香215"是上海市农业科学院食用菌研究所于2014年选育出的中高温型、长菌龄优质新品种。其外观特征为子实体单生,菇型圆整;菌盖浅棕色,菇型等级为大型,菌肉结实,菌盖纵切面顶端呈平形;鳞片白色,中等大小,分布在菌盖周边;菌柄上粗下细,属于中等长度;表面有纤毛;菌褶排列规则,为平形,偶尔有波状。

"申香215"最主要优势是比其亲本L808抗逆性好,菌丝耐高温能力强,越夏安全。菌龄100—110天,较L808短10—20天,可用以秋栽冬收栽培模式,适应性强,产量稳定,适合在全国范围内用于香菇代料栽培。

艰难困苦,玉汝于成,一只美味可口的香菇背后,往往隐藏着研究人员的多年心血。"选育一个新品种是非常不容易的,我们每年都要配制上万个组合。"谭琦说,对有苗头的组合要多年多点进行试验,从小试到中试,再到大试、示范,最后才会推广应用。选育一个好品种至少要六七年的时间,让菇农能够广泛接受要经历十来年的时间。

## 积极改进香菇栽培技术

过去说起香菇栽培,会令人联想到温暖湿润的南方。随着我国香菇栽培的主产区从南方向干燥的北方和西北转移,如何在香菇菌棒出菇阶段提供一个"内湿外干"的环境,是优质香菇生产的关键。原有的栽培技术主要依靠对外套塑料袋的人工割口出菇,极耗人工,生产规模无法有效扩大。

而谭琦团队在原有聚乙烯栽培袋内,增加一只经过特殊处理的、塑料降解改性保水膜(袋),形成双层袋栽培。菌丝经过培养、发育至生理成熟后,揭去菌棒外层聚乙烯栽培袋,内层保水膜(袋)则附着在菌棒表面,与其自然菌皮有机融合,既保湿又透气。

如此一来,菇蕾能够顶破保水膜,不需人工割口,每段菌棒可节省工时费25%—30%,同时消除了对幼菇的物理伤害,减少子实体畸形,提高香菇成品优良率。该专利技术最初应用于花菇栽培中,近年来已经广泛应用于我国多个产区的鲜菇生产,成为我国香菇生产地域和规模迅速扩大的关键技术。

# 科技助力脱贫攻坚

农村现代化是建设农业强国的内在要求和必要条件。一朵小小的香菇,为助力乡村振兴和如期完成脱贫攻坚的历史任务,做出了馥郁馨香的贡献。卢氏县的香菇工厂化转型,是谭琦团队近几年将香菇种植与扶贫成功结合的典型案例。

河南省卢氏县曾是国家级贫困县,自 2017 年与河南金海生物科技有限公司签订合作协议以来,团队长期派驻 1—2 名科技人员驻厂指导,为公司提供从厂房设计、设备选型、菌种到出菇管理的全方位技术指导,有效支撑了公司的发展。

河南金海生物科技有限公司用香菇产业项目扶贫,主要有两种途径。一是综合园区扶贫,公司吸纳了当地农民工 125 人,其中贫困户 67 人,共计发放贫困户工资 99.78 万元。二是基地扶贫,公司提供"五统一"服务——统一提供生产设施、统一提供菌棒、统一技术服务、统一承担水电费、统一回收产品。

公司采取"公司＋合作社＋农户"利益链接模式,运营分布于乡镇的出菇基地,菇农组成合作社,合作社招收贫困户入社,金海公司和合作社签订香菇出菇管理协议,带动合作社 40 个,带动基地建档立卡贫困户 577 户,发放贫困户工资 576.82 万元。整个企业 644 户贫困户共发放工资 676.60 万元,贫困户人均发放工资 10506 元,远远超出了脱贫标准。

据悉,该项目主要参与单位包括上海市农业科学院、华中农业大学、山东七河生物科技股份有限公司、河南金海生物科技有限公司、山东御苑生物科技有限公司和上海永大菌业有限公司。

# 这种船型多由日本建造，研究所靠什么拿下国际订单

黄海华

纽卡斯尔散货船是 21 世纪的新船型，在 2010 年之前，该船型 80％是由日本船厂建造。由中国船舶工业集团公司第七〇八研究所创新研制的"20 万吨级纽卡斯尔最大型散货船"，赢得了 74 艘订单，占同期国际市场份额 35％以上，合同金额累计约 250 亿元人民币，并因此荣获 2019 年度上海科技进步奖一等奖。

## 比过去船型每天节省近 5 吨重油

新世纪以来，全球特别是亚洲地区钢铁工业的快速发展，带动了全世界铁矿石消费量的大幅提高，进而促进了全球铁矿石的生产，也造就了铁矿石海运贸易的繁荣。

纽卡斯尔散货船的名称，源于澳大利亚纽卡斯尔港口，该港口以运输煤炭闻名，可以在这里停靠的最大船载量约 20.8 万吨。在矿石

和煤炭运输方面，纽卡斯尔散货船的综合经济性比专用矿砂船更好，港口和航线适应性更高，单位重量的货物运输成本也更低，因此逐渐受到更多船东的青睐。七〇八所在 2009 年以节能、环保、安全、舒适为设计思路，开始研发 20 万吨级纽卡斯尔散货船。

"我们设计的这种船型节能性好，单位货物能耗降低了 10％。"七〇八民船部结构科高级工程师谢小龙告诉解放日报·上观新闻记者。对于船舶设计来说，每降低 1％的能耗都要付出巨大努力。该船型每天消耗 48.8 吨重油来运输货物，比过去的船型节省了将近 5 吨重油，能效设计指数较基准值降低了 23％。按每吨船用重油 3500 元来计算，每天可以节省 17500 元。"此外，我们还采取了其他环保措施，在船上集成了专门的脱硫和脱氮排放设备。"

## 一趟可以多拉 1200 吨货物

如果一艘船的自重降低，理论上可以多装载一些货物，但考虑到船舶在大海中航行，要经受得起"风吹雨打"，必须有一定的强度，船身一般由"很具分量"的钢板制作而成。因此，船舶的"轻量化"一直是设计上的一个难题。"我们设计的纽卡斯尔散货船节省了 1200 吨钢材，这就意味着，一趟可以多拉 1200 吨货物。算上采购加工成本，每吨钢材大约 1 万元，也为船厂节省了 1200 万元的制造成本。"

整整 1200 吨钢材，是怎么节省下来的呢？谢小龙向记者娓娓道来。在船舶设计人员眼中，一艘船就像是一根大梁漂浮在海上，船自身重量、货物重量以及水的压力，会共同形成一个弯矩。弯矩越大，船承受的力就越大，这就必须把船做得更强，才能承受这一力量。一般的设计思路，是"逆"来顺受，把船板做厚。七〇八所的研发人员，一改传统的设计思路,主动去改变弯矩。"比如,改变货物重量的分布,也就是改变货物的摆放位置,就能控制弯矩。"一般的船舶,会把船舱设计得长度一样,结构相似,设计时的计算量也就大大减少,但七○八所的研发人员通过大量计算,把长短不一的舱段组合在一起,得到了一个最小的弯矩。

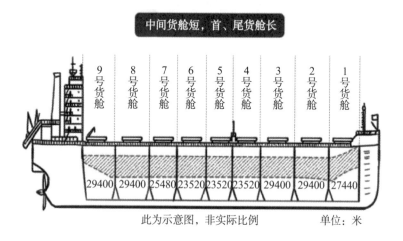

此为示意图,非实际比例　　　　　　单位:米

　　人们在装修房屋时都有这样的认知,有些非承重墙可以敲掉重新设计,并不影响房屋的承重。同样的,船舶也有不承重的加筋板,研发人员就把那些实心的、大质量的加筋板,用大开孔、轻量化的框架结构来替代。而且,一块加筋板做成多厚也大有学问,通过计算可以优化"筋"的排放位置,减小板的厚度,从而减少加筋板的重量。

　　一般而言,对于船舶的关键易损部位,通常都是加厚处理,七○八所的研发人员另辟蹊径,反而在这些易损部位开孔,"这叫应力释放孔,如果孔开得不好,就会更脆弱,但如果开得巧妙,反而把承受的力释放了。"

## 相当于给船做了一个"核磁共振"

有人可能担心，一艘船减重了，如何来确保安全性？

"我们通过大量有限元计算，既减少了船的重量，又能满足设计规范，保证安全性。"谢小龙告诉记者。所谓有限元计算，是利用数学近似的方法对真实物理系统进行模拟。有限元不仅计算精度高，而且能适应各种复杂形状，因而成为行之有效的工程分析手段。有限元的概念早在几个世纪前就已产生并得到了应用，随着计算机技术的快速发展和普及，有限元计算迅速从结构工程强度分析计算扩展到几乎所有的科学技术领域。

"比如，我们把一块船板分成若干单元，计算出每个单元的应力，这就像是给船板做 CT 医学检查。"据介绍，一般的散货船只需要做三个不同功能舱的有限元计算，但七〇八所的研发人员把 9 个大小不一的货舱做了个遍，就连放置发动机的机舱也做了，相当于做了一个"全身 CT"。"为了确保安全，我们在做舱段有限元计算时，还会做进一步的细化分析，一艘船我们就做了 100 多个点的细化分析，这相当于又给船做了一个'核磁共振'。"

尽管如此一来，一个船舱的有限元计算就需要一个月的工作量，但由于绝大多数研发工作都是统筹并行的，七〇八所只用了 6 个月的设计时间，就拿出了令人满意的设计方案。

## 振动和噪声满足最严苛的适居性标准

船员一出海，往往需要在海上漂泊很长时间，因此在船舶设计时,除了节能、环保、安全,舒适性也是需要考虑的重要因素。

无疑,振动和噪声是一艘船是否舒适的两个重要指标。七〇八所在设计时对全船做了一个"振动和噪声响应预报",一旦振动和噪声超过国际标准,就会发出警报。研发人员通过计算频率,对一些容易与发动机共振的结构进行了错频设计。根据已经交付的实船振动和测试反馈,七〇八所设计的 20 万吨级纽卡斯尔散货船,满足了国际上最新公布的适居性标准。该标准十分严苛,适合公务船和游船,按此标准,差不多一半的货船都无法达标。

发动机,是一艘船的主机,也是产生振动和噪声的主要来源。如果发动机的功率太小,不足以产生驱动船舶的动力。但如果功率太大,等于"大马拉小车",既浪费燃料,也产生不必要的振动和噪声。七〇八所的研发人员,经过详细缜密的计算,采用最小推进功率方法对发动机功率进行校核,选择了一个合理的功率,既降低了营运油耗,也减少了不必要的振动和噪声。

该项目被专家鉴定为"总体上达到国际先进水平",已获得国内外 5 家船级社认可证书。在获得 2019 年度上海科技进步奖一等奖之前,已获得 2018 年中国造船工程协会科学技术奖一等奖、第九届中国技术市场金桥奖等。

从 2013 年起,该项目共计获得 74 艘订单,占同期国际市场份额的 35%,国内份额更是达到 50%,船东来自于希腊、德国、日本、韩国及中国等地。该船型首制船于 2016 年 1 月交付,至今共交付 50 艘。该项目提升了我国在大型散货船市场的竞争能力,对我国船舶工业的发展具有长远的影响。

(制图:叶田媛)

# 第三篇

## 面向国家重大需求

# GPS 曾是导航代名词，北斗三号多项核心指标已胜出

黄海华

　　北斗三号全球卫星导航系统正式开通一年来，单点定位精度达到 1.61 米，为全球超 20 亿用户提供了全天候、全天时、高精度的定位、导航和授时服务。

　　中国科学院微小卫星创新研究院研制的北斗三号专用导航卫星平台，突破关键技术 53 项，其中 6 项为国际首创，荣获 2020 年度上海科技奖技术发明奖一等奖。

## 星箭分离要求卫星平台有高耐冲性

　　美国的 GPS 早在 1993 年就已开通，曾经是"导航系统"的代名词。北斗三号要想超越 GPS，前提是有一个好的卫星平台。"这个平台相当于一辆车，在研制之初就面临高冲击、高精准、高可靠三大挑战。"北斗导航卫星副总设计师刘迎春告诉记者。

为了快速组网,北斗三号采取"一箭双星"的发射方式,星箭分离的冲击力高达 6000g,这就要求卫星平台这辆"车"具有高耐冲性。

而高精度分离冲击理论分析是一道世界难题,以往算出来的精度都很低,试验匹配度也差,只能不断地试错。

研制团队通过与其他大学合作,提出了融合式的直接积分冲击分析法,数据偏差小于 15%,平均精度是传统分析方法的 1.7 倍。

"我们还发明了吸冲隔冲的双层递进抗冲击结构,相当于在星箭分离接口安装了'防撞角',在结构架的连接处用了'减速坡',降低了80% 的冲击,舱内实测最大冲击力从 6000g 减少到 460g。"刘迎春说,这些措施解决了卫星与运载上面级分离冲击的难题。

## 从区域走向全球的关键需要"高精准"

能否给北斗三号卫星拉一个"微信群",可以互相"聊天"? 两颗卫星距离最远 6.9 万公里,要想彼此"添加好友",不仅位置信息要准确,姿态控制也要准确。

星间链路是北斗三号从区域走向全球的关键,这就需要卫星平台控制的"高精准",即轨控精度要高、轨控次数要少、轨控影响要小。

当地球运行到太阳和北斗卫星之间,会短时遮挡太阳光,在黑暗和光明切换的瞬间容易引起导航服务中断,导航的精度也会发生相应变化。

研制人员首次提出了高精度姿轨联合控制技术,使得过去由于轨道调控引起的导航服务中断,从一两年一次,变为 7 年一次,而且星座中的卫星是轮流进行调控,用户根本感觉不到导航精度的极细微变化。

"过去，我们的卫星需要通过观察地球、太阳和星星，来确定姿态，现在只需要看星星就可以实现了。"刘迎春介绍。由于在国际首创了基于单星敏定姿的全动偏导航卫星姿态控制技术，实现了姿态控制精度优于0.03°，原来需要"三只眼"，现在只需"一只眼"。

此外，还首次提出了基于面阵校正的多源融合自主天文导航技术，实现了不依赖地面的卫星长期自主轨道确定。

## 小型化的同时如何确保"高可靠"

北斗三号卫星组网的稳定运行，需要卫星平台的"高可靠"。

相比北斗二号卫星平台重量2160千克，北斗三号卫星平台重量"瘦身"不少，仅为1060千克。小型化的同时如何确保"高可靠"呢？

除了器部件100％自主可控，研制人员采用了"功能链"理念的卫星总体设计技术，构建了全新的导航卫星平台技术体系，破解了这一难题。

"以前的卫星平台像是一棵树，有多个树杈。它是按具体任务来分类，一个卫星平台有90多个单机，就被分成了多个层次。"刘迎春介绍，北斗三号卫星平台改变了"树杈"的分类法，而是按功能链来分类，看其可以实现什么功能。打个比方，管道工和修路工，在之前的分类中，得要单独分类，而按照功能链则可以划分为同一类：维修工。

"链是最简单的一维结构，也有助于后续的集成和整合。"刘迎春说，北斗三号卫星平台由结构热功能链、控制功能链、电子学功能链组成。

卫星平台相当于一辆车。过去，"车"的重量往往大于装载的"货物"，即平台重于载荷。研制人员在国际上首创发明了耐冲框架面板

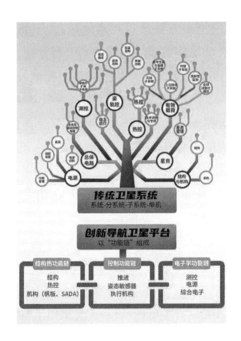

卫星型谱,使得载荷与平台的质量承载比为1.2,这辆"车"终于可以装载更多的"货物",携带更多的科学载荷,达到国际先进水平。

由于以"功能链"组成的专用导航卫星平台,采取模块化设计,这就像"堆积木",可以同时作业,再拼装在一起,因此卫星总装厂集成测试时间仅需45天,大大缩短了生产工期。

北斗三号卫星平台像一个超大"微波炉",如果内部温度过高,电子学设备容易烧坏。如今,可用散热面占卫星表面积比>85%,确保了卫星力学和热环境。

卫星上天后出现故障怎么办?刘迎春告诉记者,卫星平台的电子学功能链,实现了软件重构和在轨赋能,已通过软件重构修复了四分之三的卫星在轨故障,而在轨赋能进一步提升了导航服务效能。

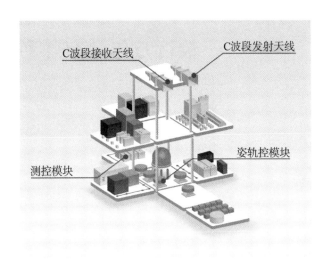

电子学功能链通过简化系统结构,提升了系统固有可靠性,专用导航卫星平台 10 年寿命末期可靠性预计由 0.743 提升至 0.893。"这就像以前分别带着录音笔、照相机和手机,现在这些功能都集成在了手机上,出门更加轻便了!"

研制人员突破传统的分系统架构,构建了基于功能链的专用导航卫星平台技术体系,实现了跨越发展的目标。经国际组织评估,北斗三号卫星平台的多项核心指标,不论是抗冲击能力,还是载荷平台比,以及姿态控制精度、轨控中断次数、平台自主定轨等,均优于GPS,在同类卫星中整体处于国际领先水平。

(制图:叶田媛)

# 作为北斗导航卫星"心脏"，这台钟数百万年才有 1 秒误差

黄海华

　　原子钟是北斗卫星的"心脏"，直接决定了导航定位精度。导航系统的本质是一个时间测量系统，若卫星存在十亿分之一秒（1 纳秒）的时间误差，则会产生 0.3 米的测距误差。只有通过在卫星上配置高精度原子钟，才能实现卫星直接播发出高精度导航定位信号。

　　作为新一代北斗导航卫星的三项关键技术之一，中国科学院上海天文台研制的被动型星载氢原子钟，约合数百万年甚至 1 千万年才有 1 秒误差，获得 2019 年上海市科技进步一等奖。

星载氢原子钟：

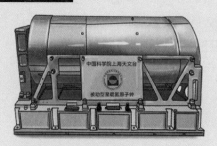

# 时间是导航卫星的核心

时间是导航卫星的核心。卫星导航定位的基本原理,是在空间布置一定构型的卫星星座,每颗卫星均配置高性能原子钟。用户终端通过测量卫星信号到达终端的时间差,解算终端的位置。

根据量子力学原理,原子具有不连续的能量数值,当原子从一个能级跃迁至另一个能级时,其吸收或释放的电磁波频率是固定的,原子钟就是利用原子跃迁产生固定频率的电磁波进行计时的工具。被动型星载氢原子钟通过发射探测信号激励基态高能级的氢原子,实现高精细能级跃迁。

GPS、格洛纳斯、北斗和伽利略等四大全球导航系统的卫星均配置了高性能原子钟,包括铷钟、铯钟和氢钟。铷钟体积小、重量轻,但频率漂移较大;铯钟频率准确度高,但中短期频率稳定度差;氢钟频率稳定度好、漂移率小,对导航信号精度的提升非常有益,但体积重量相对较大。氢钟数小时短期预报略好于铷钟,而数天长期预报好于铷钟一个数量级。

作为一种精密的计时器具,氢钟的精度到底有多高?"机械表一天差不多有 1 秒误差,石英表一天大概有 0.1 秒误差,而氢钟一天误差仅零点几纳秒,约合数百万年甚至 1 千万年才有 1 秒误差。"北斗三号卫星星载氢钟项目负责人、上海天文台帅涛研究员告诉记者。

目前,国外仅欧洲伽利略卫星配置了星载氢钟,与我国星载氢钟相比,两者地面测试性能相当,但从在轨综合表现来看,我国星载氢钟实现的用户测距误差更小。"氢钟为我国北斗导航卫星系统与

GPS、伽利略等卫星导航系统同台竞技提供了有力的技术支撑。"我国航天工程领域一位院士评价。

## 大幅提升北斗系统时间基准精度

上海天文台在时间频率学科方面具有良好的研究基础,自 20 世纪 60 年代起承担我国世界时的授时工作,70 年代研制出我国首台地面主动型氢原子钟。主动型氢钟频率稳定性好,但其体积重量过大,无法满足导航卫星配置要求。

针对北斗导航卫星星上应用,上海天文台于 2002 年启动我国首台被动型星载氢钟的研制。2010 年,星载氢钟项目组在中国科学院和北斗重大专项的支持下,联合上海航天电子技术研究所和中国科学院上海技术物理研究所等单位开展了星载氢钟的工程化研制工作。2015 年 9 月,由上海天文台研制的我国首台星载氢钟随新一代北斗导航卫星上天应用。到 2019 年,已研制完成了多台北斗组网卫星星载氢钟。在导航试验卫星阶段,有 2 台氢钟随试验卫星发射入轨进行了应用验证;在北斗三号组网卫星工程中,已有 16 台发射入轨应用,运行情况良好,性能指标和可靠性达到国际先进水平,大幅度提升了北斗导航卫星系统的时间基准精度。

## 核心元器件全部国产化

我国首台星载氢钟首创和突破了多项关键技术,核心元器件全部国产化,实现了导航卫星"心脏"完全自主可控。

星载氢原子钟由物理和电路两部分组成。物理部分由腔泡系统、真空系统、原子置备系统、磁屏蔽系统以及准直和选态系统等系统组成。电路部分包括主伺服电路、恒温电路、高压源模块和恒流源模块等子系统。

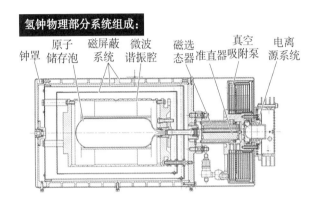

氢钟物理部分系统组成：

钟罩　原子储存泡　磁屏蔽系统　微波谐振腔　磁选态器　准直器　真空吸附泵　电离源系统

氢钟在太空下的工作环境存在一定的温度波动，而电路参数对温度较为敏感。为实现氢钟的长期稳定性，上海天文台研究人员首创了氢钟时分双频调制技术。该技术采用两个调制频率对本地探测信号进行相位调制，实现晶振频率和微波腔频率锁定至原子跃迁频率。研究人员利用原子跃迁信号分时控制方式，分离了原子跃迁探测信号和微波腔探测信号，解决了这两个信号之间相互干扰的难题，这不仅有效降低了氢钟输出频率对纠偏信号幅相变化的敏感性，使得电路对环境的敏感度降低，温度系数指标达到国际先进水平，与此同时也为氢钟实现优异的长期频率稳定度和漂移率指标提供了保障。

研制团队首次在氢钟上应用了原创的电极式微波腔，新型电极式微波腔的腔 Q 值达到 8000 以上，相比磁控管微波腔重量轻了

10％,物理系统信号增益更高,一般磁控管腔的信号增益为2.5分贝,新型电极式微波腔的信号增益超过3分贝,为氢钟高稳定度指标的实现奠定了基础。

**技术创新内容:**

·首次在氢钟上应用电极式微波腔

在卫星真空环境下,原子碰撞容易导致电离泡发热老化及电磁波透波效率降低的问题,研制团队提出并实现了基于国产功率管和氮化硼材料的新型电离源系统,利用氮化硼材料的透波散热特性,解决了电离源因高发热导致可靠性降低的难题,电离源温度由80℃以上降低到50℃以下,相比传统结构具有更通畅的传热途径和更高的传热效率,提高了电子元器件在轨工作寿命,保证了氢钟电离源系统的高效可靠运行。

## 主用和备用原子钟可无缝切换

如果氢钟在空中突然发生故障怎么办?"不用担心,卫星配置了时频生成与保持系统,可以实现主用原子钟和备用原子钟之间无缝切换,切换前后卫星时间变化小于 20 皮秒(1 皮秒等于一万亿分之一秒),对应的用户测距误差小于 1 厘米。"帅涛告诉记者,这就意味着,如果开车时卫星切换了星载原子钟,用户完全察觉不到导航定位信号发生了改变。

为适应下一代高集成度导航卫星发展需要,研究团队在保证性能指标的同时,把氢钟重量减轻了一半左右。第一代星载氢钟 24 公斤,今年刚完成研制的只有 13 公斤,功耗也降低了 10% 左右。解决了航天产品小型化、轻量化和空间适应性等问题,成功实现了我国星载氢钟的首次在轨应用。

未来,除了用于导航卫星,氢钟还将用于空间甚长基线干涉测量等科学实验。

据介绍,尽管氢钟项目不涉及到直接的投资经济回报,但作为北斗导航重大专项的一部分,其带动和促进了航天、新材料和国产电子器件等高新技术的发展,进而在国民经济和国防建设等方面产生了很好的经济效益。

从 2002 年启动被动型星载氢钟的研制,到 2015 年首台星载氢钟上天应用,上海天文台研制团队走过了一段不短的路。特别是在早期星载氢钟鉴定产品和正样产品研发的那段日子,每天加班两三个小时是"家常便饭",仿真分析、试验验证、改进提升、迭代验证,一次次修改,一次次完善。"也会有烦躁的时候,但只要有一丁点进展,大家都会兴奋好几天,彼此鼓励着,继续往前走。"

(制图 王美杰)

# 嫦娥探月、神舟对接，都有
# 高可信软件自主保障

**徐瑞哲**

8月20日，神舟十二号乘组两名航天员聂海胜、刘伯明，成功完成第二次出舱。就在几天前，执行天舟三号货运飞船飞行任务的长征七号遥四运载火箭运抵文昌航天发射场。同时，执行神舟十三号飞行任务的载人飞船及运载火箭，正在酒泉发射场按计划同步开展各项准备工作。我国载人航天工程进入空间站阶段后，多任务交叉并行成为工作常态。

今夏，深空探测方面，国家航天局探月与航天工程中心在京发放"嫦娥五号"任务的第一批月球科研样品，标志着月球样品科学研究工作正式启动。那个去月球挖土的"嫦娥五姑娘"，带着来自广寒宫的"土特产"重返地球，也被称为我国迄今最复杂的航天任务之一。事实上，"嫦五"从月面起飞、月球轨道交会对接和地月之间再入返回等60％以上的功能，均涉及软件操控自行实现。在获得科技进步大奖的团队助力下，她才圆满完成中国无人探月"绕—落—回"三期工程的终章。

文昌发射场(徐瑞哲 摄)

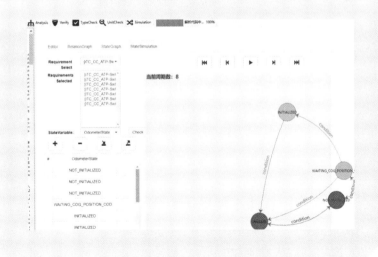

从天宫一号与神舟飞船自动对接,到上海地铁线首次实现无人驾驶,这些天地间奇迹的背后,正是由华东师范大学牵头的《面向重大工业装备核心控制软件的安全可信保障技术及应用》项目。我国航空航天、轨道交通、电力控制等安全攸关领域,因为这座2019年度上海市科技进步特等奖而有了自主可控、高度可信的中枢神经。

## 工控软件不能是一个个"黑盒子"

仅空天领域,从神舟七号到风云四号,这一特等奖项目技术就在50余个航天任务中成功应用。有意思的是,华东师大软件工程学院陈仪香和蒲戈光两位教授所在团队，还依托航天五〇二所承研的"航天嵌入式软件可信性保障关键技术和应用"项目，获得了 2019 年度北京市科学技术进步一等奖。

嵌入式软件是航天器的重要组成部分，其可信性直接影响航天任务成败。随着我国航天事业的快速发展，嵌入式软件的数量、规模和复杂性急剧增加，其可信性保障是国内外公认的重大挑战。

几十年来，为了提高航天嵌入式软件的质量，软件工作者开展了大量的工作，取得了很好的成效。然而，动态时序、控制行为和程序实现等深层次的软件问题仍时有发生。

总体而言，现有的研制方法对人的能力、经验依赖较大；针对软件研制中的部分问题有一些解决办法，但还没有形成系统的解决方案，很难满足航天任务变化快、进度紧、质量高的需求。因此，研究系统的嵌入式软件可信性保障理论、方法、工具和环境已非常迫切。

由此推而广之，中国装备制造业尚未足够强大，不少方面也"缺芯少魂"，这"魂"就是软件。长期以来，国内大批设备依赖舶来引进，甚至包括地铁等轨交基础设施也是以进口为主，各有各的来路。随着信息化、数字化、智能化，万物运行从独立封闭状态发展到工业互联网时代，如何确保关键领域的工控软件不是一个个"黑盒子"，没有后门也没有漏洞？

在中国科学院院士、华东师范大学软件工程学院创院院长何积丰看来，这些都构成了国家整体安全的基本支撑面，要形成一个巨大的安全保障闭环，就像绣花功夫一样急也急不来。有些情况下，软件缺陷稍纵即逝，却慢慢累积着，一个周期连到下一个周期，一个部件影响下一个部件，最终以故障形式出现。软件人和软件分析工具就要像过电影画面一样一帧帧看，让"时间切片"一步步走，确保每条代码万无一失。

## 攻克软件可信保障技术三大难题

十年磨一剑,磨刀石在哪?"控制软件是工业重大装备的中枢,是国家利器。要让它足够锋利,就需要优良的磨刀石。"何积丰这位软件界程序统一理论学派的开创者说,"我们就是把铸剑的磨刀石做好做精,这样来提高重大装备核心控制软件的质量,确保它们安全可信。"

自 2008 年 1 月起,作为上海市科技进步特等奖项目第一完成人的何积丰院士,担任国家自然科学基金委"可信软件基础研究"重大研究计划首席科学家,支持全国科研院所涉及百业的相关课题达 107 项,迄今整整 13 年过去了。

作为上海市科技功臣和教育功臣，何积丰带着整支团队冲上一线。"我们的科学研究工作，是从产业实际出发，提炼科学问题；再通过研究成果的应用，来验证我们的想法；最终形成核心技术，去解决国家所面临的问题。"他说。而80后中，主持工作的软件工程学院年轻院长陈铭松和团队成员一起，深入行业企业打交道、"破黑盒"，以解决软件可信保障技术的三大难题。

比如，软件复杂性"分析难"：一份用户需求文件可能好几百页，同时存在网络延迟多变等运行环境的不确定性；又如，软件正确性"验证难"：以主流航空航天器百万行级别的大规模代码为例，必须让代码自动生成替代人工编写代码；再如，软件可靠性"保障难"：接受国际测评标准严、投入大、周期长，软件测试要占到开发成本一半左右。

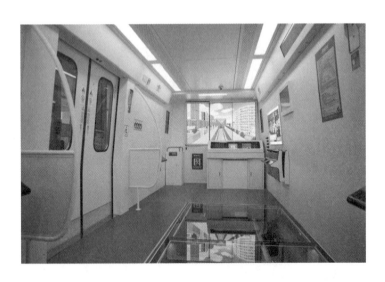

"如果'闭门造车'，可能'水土不服'。"陈铭松介绍，卡斯柯信号有限公司就是此次项目团队深入的行业企业之一，也是项目攻关的

参研单位之一。2012 年何积丰院士团队与卡斯柯合作至今，其产品不仅已成功部署于上海轨道交通 17 号线，还服务于东非地区的第一条城市轻轨——埃塞俄比亚首都亚的斯亚贝巴轻轨，后者也成为中国第一套"走出去"的自主列车运行控制系统解决方案。

历经十余年深入研究、实操实战，他们一届一届接力，攻克了三大难题，也让近千名高端软件人才从这个大项目平台出发，走向全国近百家企业，投身于轨道交通、航空航天、汽车电子和电力控制等诸多领域。

## 像淘宝一样上网获得共性软件服务

值得一提的是，在上海市科技进步特等奖的获奖证书上，除了第一完成单位华东师大外，其余 6 家都是中电科、普华等企业。可以说，一条产教学研协同创新的路径，是这项"核高基"技术成功应用的必经之途。

卡斯柯研究设计院副院长周庭梁介绍，双方依托院士专家工作站及上海轨道交通无人驾驶列控系统工程技术研究中心，针对卡斯柯自主研发的 TRANAVI 列车运行控制系统的核心控制软件，进行了软件形式化技术研究突破，产品满足第三方国际评估机构 SIL4 安全认证要求。

来自申通地铁集团技术中心的技术总监万勇兵也透露，拥有700多公里里程、400余座车站的上海轨道交通，为对接国家自主可控战略需求，聘请何积丰院士担纲首席科学家，将高可信技术应用于"智慧地铁"建设之中，助力上海保持在国内外城市轨交行业的技术领先地位和持续快速发展。

不论是针对空天、汽车还是电力的中枢神经，可控可信的共性技术即通用工具，用何积丰的话比方，就是让不同行业的企业都能像淘宝一样在网上获得软件服务。从体制机制层面上，在该项目支持下，作为支撑上海科创中心"四梁八柱"的重要创新力量——上海工业控制系统安全创新功能型平台应运而生，成为上海市首批推动建设的18个研发与转化功能型平台之一。平台骨干技术团队成员，不少也是来自华东师大软件工程学院的教授，现已形成系统化的自主可控软件开发工具链，覆盖了重大工业装备核心控制软件开发的全生命周期。

数据显示，这项特等奖项目研究期间，共授权发明专利27项，获得软件著作权62项，制定行业标准2项，出版英文专著1本，发表高水平论文60篇……总体上，项目面向各行各业新增直接经济效益和利润累计超14.2亿元，间接带动了千亿产值的产业效益。

项目团队表示，未来将继续为国产大飞机、深空探测和下一代城市轨交列车运行控制系统等重大国家级技术攻关提供共性技术，形成自主可控软件人才和产业集聚效应，引领我国自主可控软件产业发展，在国际上也形成高端装备核心软件的"中国造"品牌。他们说，"给国产装备用，更要给国外设备用。"

（图片来源：除署名外，华东师范大学）

# 十亿人口"码上"用：百万人同时用 百万次只许错一次

**徐瑞哲**

"屏幕即将闪烁，请保持姿势不动……"根据真人脸面的自然反光实现智能判断——这项"码"上就到的技术，就是上海交通大学电子信息与电气工程学院马利庄团队获得的 2020 年度上海市科技进步特等奖成果。国人熟识的"健康码"一系列技术成果，先后刷新 18 次国际公测纪录，覆盖 10 亿数量级人口，创造了百亿元规模经济效益，以及疫情防控常态化的巨大社会效应。

你可知道，在世界第一人口大国产生的现象级应用背后，这一"面向复杂场景的人物视觉理解技术"拥有众多"靠脸吃饭"的行业解决方案。

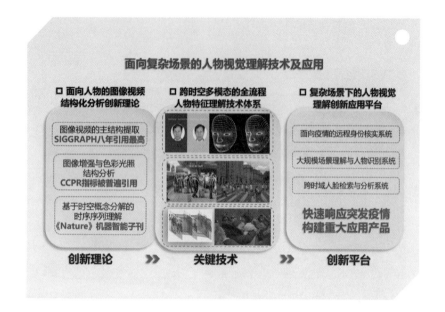

## 百余个行当数百亿人次访问

2020年，一场突如其来的新冠肺炎疫情打乱了人们的生活，也使得公共安全和治理等面临严峻的挑战。马利庄教授领衔的上海交大团队快速响应疫情期间防控需求，攻关《面向复杂场景的人物视觉理解技术及应用》大课题。

课题提出了面向人物的图像视频结构化分析创新理论方法，形成了跨时空多模态的全流程人物特征理解技术体系，构建了复杂场景下的人物视觉理解创新应用平台。项目组依托国际领先的人脸识别与安全技术，打造出全场景、多模态的人脸核身解决方案。

例如，上海市民打开微信小程序"随申办"，申请"随申码"，先进行人脸识别登录验证，提示你"屏幕即将闪烁，请保持姿势不动"——先进行光线活体检测和人脸比对，通过后便实时获得健康码，保障其身份的真实性。

基于光线活体的远程身份核实，正是健康绿码的核心技术。光线活体检测技术，根据真人脸面的自然反光实现智能判断，相比点头、张嘴、眨眼等常规动作识别，可更精准检测人物活体，"防伪打假"能力超高。

在抗疫初期，即 2020 年 2 月 9 日，深圳成为全国首个推出腾讯健康码的城市，上海、北京、广州、武汉等超过 100 个城市也逐步落地健康码。截至 2020 年 12 月 18 日，健康码累计亮码超 200 亿人次，覆盖 10 亿人口，累计访问量破 500 亿。

基于人类面容的智能科技，提升人际社会协作效率，通过线上线下虚实协同的人物视觉理解技术,助推低风险地区复工复产,恢复国民经济如常运转。该技术还应用于"国家政务服务平台",助力大量企业主和个体工商户在线办理缓交社保、租金减免等民生事项。据统计,线上远程核身技术迄今服务于 140 多个行业,推进常态化疫情防控。

## 从 AI 寻人到 AI 金融多点开花

据悉,在这项大奖技术加持下,人脸识别准确率已提升至 99.8%。实际上,在常人眼中,对面部的自然识别精确度约为 97%。

因此可以说，这一项目确保的"认脸眼力"超过了人类本身，甚至戴着口罩也能完成精准识别。

从智能金融、AI寻亲，到行为姿态驱动的在线娱乐，人物视觉理解技术的复杂场景应用正在多点开花。

2015年，马利庄项目组就构建了国际首个在银行系统商用的人脸远程核身系统，互联网银行实现远程开户，相当于在业界"第一个吃螃蟹"，这意味着该技术的精确度达到了"金融级"。"所谓金融级的'人机一体'安全要求，就是可信身份验证错误接受率在万亿分之一，即100万人同时使用100万次，只允许出错一次。"马利庄向记者这样解释。

同样,这一系统的成果在门禁闸机、刷脸支付、娱乐产品链等一系列重大场景落地。比如"AI 寻人"领域,项目组构建起跨时域的人脸检索与分析系统,成为寻回失踪人员与被拐卖人口的关键技术。

其最大难度在于,婴幼儿脸型随着年龄增长变化显著,尤其是十多年后的面容发生巨变,对寻亲形成巨大挑战。对此,项目组首创的跨年龄人脸核身技术,可在仅有几张婴幼儿模糊照片的情况下,与成年样貌快速比对,协助找回 15 名被拐超过 10 年的儿童,寻回各类失踪或被拐卖人口共 1706 人,拯救了数千家庭。

统计表明,这一特等奖项目累计获得授权 165 项发明专利、15 项软件著作权,取得 1 项 IEEE 国际标准、8 项国家标准,还发表 290 篇高水平论文。在 2020 年度上海市科学技术奖各大奖项中,上海交通大学共有 34 项第一完成单位成果(人)获得表彰,交大电院除斩获特等奖 1 项外,还拿下一等奖 5 项,获奖总数和一等奖总数均蝉联校本部第一。

## 团队十人起步十年磨剑成功

这一大批创新成果背后的内核技术则经历了十年打磨。在上海交通大学闵行校区电院实验室,马利庄告诉记者,"最早的人工智能研究团队不超过 10 人,交大包括我在内 5 人,腾讯优图 5 人。"通过名校名企深度产学研合作,双方不断突破人脸表情理解、活体检测、跨年龄人脸识别等技术瓶颈,荣获世界人工智能大会卓越人工智能引领奖、上海市科技进步奖等一系列成果。

马利庄表示,如果不是突发新冠疫情,不是人脸识别技术在关键时刻利剑出鞘,这个奋战了 10 年的团队,也许不会走到公众面前。

时钟若拨回 10 年前,学界热词是云计算、大数据,马利庄却带领团队,在相对冷门的"图像和几何识别建模"领域埋头耕耘。2013 年时,项目组在上海市科委支持下,就前瞻性地开展了一系列关于人脸识别等 AI 技术研究。马利庄团队先后承担了国家杰出青年基金、国家自然科学基金重点和 863 计划目标导向各 1 项,国家自然科学基金 20 余项,以及上海市科技创新重点项目 3 项等科研项目,围绕人脸识别、人体姿态估计、复杂场景理解等技术展开研究。

起初,项目组开发的人脸识别技术,精度只有60％—70％。面对大难题,在上海市、学校、学院的帮助下,这一联合创新团队展现出足够的耐心与互信。校企紧密合作且分工明确,实验室负责核心技术攻关、企业负责核心技术转化,于是难题被一点点攻克。而今,团队成员增长至 20 余人,其中包括特别研究员卢策吾、教授盛斌等青年骨干。

这 10 年来,《面向复杂场景的人物视觉理解技术及应用》项目持续推动人工智能相关行业进步。"建设'以人为中心'的智慧城市离不开人物视觉理解技术,它将为上海市建设人工智能高地、实现城市数字化转型提供强有力的技术支撑。"马利庄认为,特别是服务机器人、融合人工智能的虚拟现实 VR 与增强现实 AR 技术将得到加速发展,成为万亿级的新兴产业。

(图片来源:上海交通大学)

# 水利万物与"泥"共舞，挖泥拿下国家科技进步最高奖

徐瑞哲

"我从小记事起，就知道每年8月到10月是洪水期。我家后面就是大堤，水大时堤内水位远远高过家里房子。"在上海交大船舶与海洋工程设计所所长何炎平的记忆中，每年村里壮年劳力都要兴修水利，趁枯水季节父辈们肩挑背扛，全靠人力一年年地把堤坝加高加固。"现在想想，如果当年就有挖泥船之类的工程船舶，那效率和安全系数不知高多少。"

在2019年度国家科学技术奖励大会上，上海摘得国家科技进步特等奖，这就是以上海交通大学为第一完成单位的"海上大型绞吸疏浚装备的设计研发与产业化"项目。俗称"挖泥船"的海上大型绞吸疏浚装备，靠"挖泥"如何拿下这一国家科技进步奖的最高奖项呢？

"可以想象一下，一条船一天的挖掘、输送量，可以把一个足球场堆高约18米。"为了量化这个"水上大力士"在疏浚航道、吹填造陆、码头建设中的海量"吞吐能力"，上海交大海科院杨启研究员打

了一个比方。作为由五六十条大船组成的"挖泥船世家"新成员之一，拥有完全自主知识产权的"新海旭"号下水时就成了世界上最大的重型非自航绞吸装备。

天鲸号全貌

# 百年船史

在河海工程建设领域，大型绞吸挖泥船一直扮演着举足轻重的定海神针角色。而一部现代中国疏浚史，就是国产装备逐步成长壮大的典型过程。

作为特种工程船，全球挖泥船设计和建造市场曾长期以来被欧洲船厂主导，世界上绝大多数的绞吸挖泥船主要集中在四大疏浚公司，荷兰、比利时等企业拥有庞大的挖泥船团队。在中国，如果以甲午战争之后海河工程局（现中交天津航道局前身）于 1897 年成立为起点，中国现代疏浚业已经驶过"一双甲子"的风雨征程。百余年来，作为疏浚业的核心利器，中国疏浚装备经历了从整船进口到国内自主设计建造的嬗变。

大国重器，筑梦深蓝。如今，从海岸向内陆辐射，中国年疏浚量已超 16 亿立方米，成为少数几个能够自主开展大规模吹填造陆和航道疏浚工程的国家之一。其中，上海交大就成功设计 60 多艘各种大型挖泥船，从洋山深水港工程、长江口深水航道整治工程，到环渤海经济带建设、粤港澳大湾区建设，这些船在祖国江河湖海的疏浚量占全国总量 75％左右，承担洋山港、天津新港、长江口深水航道等我国沿海沿江 70 余项重大疏浚工程以及一些国外疏浚工程。

翻开 21 世纪以来的这部挖泥船"家谱"——2004 年建成国内首座大型绞吸挖泥船"航绞 2001"；2006 年建成国内首座配备浅水倒桩-钢桩台车定位技术的"天狮"；2009 年建成国内首座采用变频技术的大型绞吸挖泥船"宇大 1 号"；2009 年建成国内首座挖岩大型绞

吸挖泥船"天麒号";2010 年建成亚洲最大自航绞吸挖泥船"天鲸号";2013 年建成首座用于三峡尾急流航段的大型绞吸挖泥船"长狮9";2017 年建成世界最大非自航绞吸挖泥船"新海旭"……

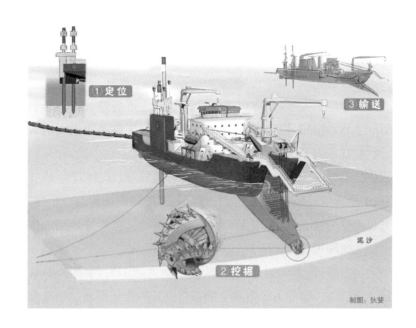

制图:狄斐

## 科技满船

以 2018 年交付的"新海旭"大型绞吸挖泥船为例,它总长 138.0 米,总装机功率 26100 千瓦,标准疏浚能力每小时 6500 立方米。杨启介绍,如果每天按照 16 小时工作量来计算,由"新海旭"挖掘细粉沙,一天就可以疏浚 10 到 12 万立方米沙土,在一个足球场的面积上堆起约 6 层高的公房。

"新海旭"这样的大型水面工程装备如何"吐故纳新"现场作业？挖泥船上，控制人员在疏浚控制台前轻轻操纵疏浚手柄，带有缓冲系统的钢桩先对船舶进行定位，让船舶在横移锚系统的作用下，开始绕着钢桩作扇形摆动，并不时前移……与此同时，绞吸挖泥船挖掘出来的泥沙被"吹"到更远的地方……这些特种船舶，好似"钢铁森林"，从绞刀架、钢桩、液压油缸、绞车到钢丝绳、滑轮等等，多种疏浚作业设备与船舶本身协调融为一体。每一个细节带来的一系列变化，都做到全船各类设备的最优配置。

在拥有七八十年历史的一流学科积淀下，上海交大科研团队联合中交疏浚集团、中船工业 708 所、交通运输部长江航道局、江苏科技大学和中船重工 711 所等十多家疏浚行业主力单位，组成"产学研用"大团队，坚持自主创新、协同创新、开放创新，逐步形成从绞刀、台车、泥泵等核心设备到装备总装建造的整条产业链，推动我国疏浚能力跃居世界最前列。

经过多年探索实践，他们攻克了 4 项关键技术问题：台车定位技术——定得稳；快速挖掘技术——挖得快；疏浚输送技术——排得远；优化集成技术——效率高。其核心设备如挖掘系统、输送系统、定位系统和控制系统均实现国内设计、制造。与进口产品相比，这一家族的船型平均研制周期缩短三分之一左右，总造价不足国外同类型船的一半。

事实上，从国内首艘自主设计和建造的大型绞吸挖泥船"航绞2001"，到与"中国天眼"500 米口径射电望远镜、"复兴号"中国标准动车组、"神威太湖之光"超级计算机等一起摘得"中国好设计"金奖的"天鲸"号绞吸式挖泥船，新世纪初到最近两年，"上海交大牌"挖泥船系列的相关项目，约已形成国家标准 5 项，获授权发明专利 34 项，软件著作权 33 项等。

# 三代船人

从大江大河到大洋大海，在上海交通大学闵行校区的 110 教研室，老中青三代人身上一以贯之海洋精神。每天晚上设计所所在的木兰船建学院大楼，都是灯火通明……作为 2018 船舶设计大师 8 人之一，何炎平说，"所里的每个人，这十几年加班不计其数，寒暑假也几乎没有休息。"从东北盘锦到西南防城港，祖国的岸线他都跑过。"重要的是，我们与船厂深度合作，无障碍地设计与配套。"

110 教研室这个交大编号第一的教研室，所在的上海交大船舶与海洋工程系也是校内人称的"一系"。船院里，现年 103 岁的杨槱院士弟子谭家华教授，正是海上大型绞吸疏浚装备的总设计师。鉴于我国疏浚需求大而挖泥船长期依赖进口，谭家华领衔项目组设计的大型绞吸挖泥船，加起来的年挖泥能力超过 10 亿立方米，年产值超过百亿元人民币，在"一带一路"港口建设、基础设施建设、航道疏浚等工程中产生巨大社会和经济效益。

"2010 年，研制挖泥船首次挖掘岩石的工程是在广西防城港。当时谭家华老师已经 65 岁了，但他还是坚持带领我们出海上船，现场考察挖石工作状况，以及船舶设备运行状况。"作为谭家华的学生，主持设计"新海旭"和"新海腾"的何炎平说，"谭老师敢为人先，勇于开拓，他主持开发了国内广泛应用于水下地基处理的'软体排铺设'装备和技术，成为海上大型绞吸疏浚装备自主研制的开拓者和倡导者。"

何炎平教授和学生们

中国梦、海洋梦，也不只属于杨槱、谭家华、何炎平等交大船海人。上海交大船舶设计团队与兄弟单位合作,刚刚用近 20 年时间走过了别的国家 100 多年的船舶科技发展之路,攻破了泥泵、绞刀头、定位钢桩、集成系统等一项又一项硬核技术,正带动整个相关制造产业向纵深推进。"挖泥船不仅做大、更要做新,先后引入电轴、变频、双电机驱动和超长轴驱动等技术,形成综合电站高效姊妹船等。"

# 无人艇技术接连催生大奖，"精海"系列已出第 15 号

徐瑞哲

随着机器人和人工智能技术不断迭代，无人化系统作为一项全球新型战略性技术迅速发展，从无人机、无人车到无人艇，它们跨越"空—天—地—海"得到实际应用。

在北京人民大会堂举行的 2020 年度国家科学技术奖励大会上，由上海大学"精海"无人艇团队牵头的"海洋窄带环境复杂目标探测识别技术与装备"获得国家科技进步奖二等奖。相关装备成功完成了金砖国家厦门会晤、博鳌论坛、上合组织青岛峰会等海域安保工作，为我国深海探测、敏感海域小目标探测提供了强有力的技术工具。

"精海团队"十几年间在海洋智能部组件、海洋弱目标探测、海洋环境保障等方面做了大量工作，自 2016 年获得无人艇领域第一个国家技术发明二等奖之后，团队与多家合作单位联合研制的"海气界面高灵敏度微波探测技术及装备""复杂振动的宽域近零超稳抑制技术与装置"和"窄带环境弱目标探测识别技术与装备"，分别服务国家多项重要需求，又获国家技术进步二等奖 2 项和国家技术

发明二等奖1项。

精卫填海、精准探洋，他们研制出的智能部组件、新型海洋智能无人水面艇（USV）及相关海洋装备，正形成我国迈向海洋强国的关键支撑力量。

精海1号—南海巡航水下目标探测　　精海2号—南极科考　　精海3号—东海、黄海、南海

精海5号—警戒巡逻火力打击　　精海6号—水面水下协同　　精海7号—海底掩埋探测

精海8号—海洋勘探无人艇　　精海9号—巡逻警戒　　精海10号—巡逻警戒

# 改变未来海上游戏规则，何为 USV 无人水面艇

作为一种智能化机器人平台，大多数智能无人艇都选用高速滑行艇，最高速度可达 45 节。因其小型化、轻量化且具机动性等特点，大多通过喷泵或螺旋桨驱动。

别看它"身材"娇小，却有一个高度智能化的"大脑"。在复杂海洋环境中，不但具备自主导航和自主避障的能力，还能通过环境的自主感知和决策，自主执行各种作业任务，例如目标探测、环境监测、巡逻警戒、围捕攻击等。

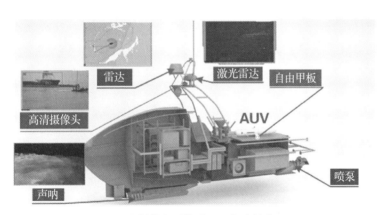

无人艇的主要传感器及部分结构

同时，由于海水中存在着一定的导电介质，传统的无线电波很难穿透海水在海面以下进行通信。无人水面艇的出现，为联通水面与水下通信提供了革命性的装备，成为打通"空—天—地—海"无人作

战系统的重要跨域节点。由此,无人水面艇也将与其他无人系统进行协同和集群化作战,因此又被称为改变未来海上游戏规则的颠覆性技术。

智能水面无人艇配备有各种各样的传感器,例如用于探测周围岛礁的雷达,用于测距和避障的激光雷达,以及用于海底地形地貌绘制的声呐系统等。此外,无人艇一般还配备自由甲板,用于无人机、潜航器或者水下机器人等无人系统的运载,以实现跨领域、多系统协同配合。

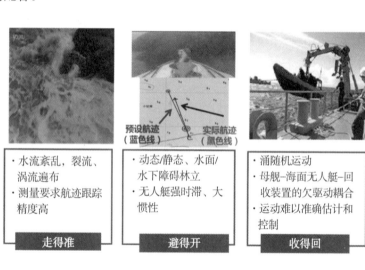

## 三大关键技术:走得准、避得开、收得回

由于无人水面艇所处的水面环境十分复杂,不仅包含静态障碍物,同时受海况、其他舰船航行的影响,因此相比于无人机、无人驾驶

汽车等，自主性成为其关键技术因素。可以说，其他无人系统自主性方面的技术并不适合无人水面艇。

上大无人艇团队科研人员举出几个技术难点。第一个关键技术就是"走得准"。岛礁周边的水流紊乱，裂流、涡流很多，给无人艇带来很大干扰。比如声呐测绘，要求无人艇必须稳定地走直线。但岛礁的周边浪很大，走直线特别困难，这就需要用抗涌流的控制方法让它走得准。

那么正常情况下怎么抗涌流呢？例如，无人艇在岛礁周边测绘时，一个大浪过来，它会偏离原来航线。无人艇通过传感器，能测出它的偏移量，根据偏移量的大小施以一个反作用力，就能回到航线上。但如果这个浪过来之后造成一个偏移量，而下一个浪的大小还不知道，所以这个偏移量带有一定的盲目性，怎么办呢？解决办法就是通过无人艇上的传感器将自身姿态信息和周边的海浪信息收集起来，形成一个姿态空间，找到一种映射关系，从而控制无人艇的纠偏量，达到"走得准"的效果。

第二个关键问题是"避得开"。无人艇对静态目标避障是很容易的，通过雷达、激光测定它的位置，用一定的算法就可以避开。但在海上时，除了礁石，还有很多正在航行的船舶，像这种避障怎么办？人在奔跑时，遇到另一个人跑过来，会估计自己的速度、方向，还会估计对方的速度和方向，然后通过大脑的判断和反应避开他。海上的船舶也是利用这个原理，通过无人艇上的传感器把对方的信息估算出来，通过双方的状态信息计算出误差锥，从而实现移动避障。

第三个关键技术是"收得回"。因为无人艇的航行距离只有几百公里，如果进行远海航行作业，必须跟母舰配合着使用。可是在海上，三级、四级的海风是很常见的，无人艇作业完成之后，再回到母船是一件非常困难的事。大船晃得厉害,无人艇也晃得厉害,要让两边的吊钩结合对接,把无人艇吊上来,难度非常大。于是,无人艇带一个抛射的牵引绳,在回收的时候,将牵引绳自动抛到母舰甲板上面来,再通过引绳将无人艇收回。

除了这些关键技术外,影响无人水面艇作战效能和使用方式的因素还包括:无人水面艇的部署与补给、通用平台和模块化载荷、续航能力等。这些技术因素的突破,可大大拓展无人艇使用方式。

## "精海号"背后,是年轻的爸爸和妈妈们

"精海"寓意精卫填海的精神,更是精准执行海上任务的承诺。上海大学无人艇工程研究院这个年轻团队是国内成立的第一个水面无人艇专业研究机构,也是集机械、控制、通信、力学、材料、计算机等相关学科为一体的交叉研究中心。

据了解,自 2009 年起,"精海"无人艇团队常年坚持研发无人艇,从"精海 1 号"到"精海 15 号",从北到南 32000 多公里的海岸线和岛礁岸线，都遍布"精海"无人艇的身影。这些无人艇在南海、东海、南极等复杂海域，以及安保和国防等领域发挥了重要作用。

譬如 2013 年，"精海 1 号"随中国海事 166 海巡船赴南海巡航，探测南海海域，实现我国无人艇在南海第一次应用。

2014 年，"精海 2 号"装备于"雪龙号"科考船，探测南极罗斯海，首次为"雪龙号"极地科考船在南极罗斯海找到锚地，并绘制了难言岛附近 1：5000 大比例尺海图，助力国家极地战略。2015 年，"精海 3 号"随"向阳红 19"赴东海进行大范围海图测绘，填补了岛礁群海域、浅滩测绘空白。2016 年，"精海 3 号"完成对南海七连屿岛礁海域探测。2017 年，"精海 3 号"完成近海岸带综合地质调查。

2018 年，"精海 3 号""精海 7 号"在东海"桑吉轮"重大撞船事故中，成功完成沉船探测以及污染水样取样，为大规模凝析油泄漏事件评估和处置提供了重要数据支持。2019 年，"精海 3 号""精海 6 号""精海 7 号"成功完成水下考古，获得重要发现。

2020 年，"精海 10 号"无人艇交付石油物探部门，巡游全球多个海域开启全球海洋石油物探"职业生涯"。同年完成无人艇海上动态布放回收装置研制及海上试验验收，这是继团队 2014 研制的抛射式移动布放回收装置后又一次回收突破。

2021 年，"精海"无人艇完成集群及与无人机的跨域集群。迄今，研制过程进行了上千次试验。每一艘无人艇成功的背后，正是平均年龄 32 岁的"爸爸妈妈"们勇于攻克卡脖子技术。不怕冷风吹，不怕海水泡，忍得住晕船，耐得住寂寞，才彰显出持续的创新力和惊人的爆发力。无人艇工程研究院院长彭艳说："我们相信，'海洋强国'通过一代代海洋人不断创新和努力，终将实现。"

# 核电站"非动能"装置，热制造技术怎么突破

**李蕾**

日本福岛核电站事故，想必大家印象深刻。由于丧失了各种电源，福岛核电站整个系统无法运行，原先设定的自我保护装置也不能启动了。因此，核电站更需要一种先进的"非动能"装置，即在不需要外界电源的情况下，也能启动一系列的自我保护。

第三代非能动核电设备采用"非能动"技术，是当今最安全、最先进的第三代核电堆型，较之二代核电有着更高安全性和更长使用年限。高可靠、高安全和长寿命的服役要求，对第三代核电装备的厚壁容器热制造质量提出了严苛要求，包括锻造、热处理、焊接在内的热制造技术是核电装备厚壁容器制造中的共性和关键技术。

面对国家核电发展战略和行业的迫切需求，在国家科技重大专项、上海市高新技术产业化重大项目、上海市产学研合作计划等项目的支持下，上海电机学院、上海电气上重铸锻有限公司和上海电气核电设备有限公司组成"产学研用"联合攻关小组，针对核电装

备关键部件的厚壁容器制造重点和难点,围绕"锻造成形、热处理成形、焊接成体"三个方面的热制造技术开展创新研发。

　　历经多年的艰苦努力,联合攻关小组突破国外技术壁垒,形成了具有自主知识产权的核电装备高品质热制造技术,推进了工程应用。目前,该技术荣获 2020 年度上海科技进步二等奖。项目获得授权发明专利 15 项,形成标准 4 部。技术达到国际先进水平,打破国外技术封锁完全取代进口。

## 一大难点:锻造成型

　　第三代核电堆型,较之二代核电有着更高安全性和更长使用年限。其中,反应堆压力容器是核电站核岛中的心脏设备,主要作用是固定和包容堆芯及堆内构件,是防止放射性物质外溢的第二道屏障之一;而蒸汽发生器是在核蒸汽供应系统中最为关键的设备之一,其功能是将反应堆载热剂所产生的热量传递给二回路,在带有放射性的一回路系统与不带放射性的二回路系统之间起到阻隔的作用。

众所周知,奥氏体不锈钢可锻温度区间窄,可锻性很差,变形抗力大,容易出现锻造裂纹,这对晶粒度和锻造过程中裂纹控制有严格的要求。经过多次反复实验,联合攻关小组掌握了锻造温度、压下量等参数对锻造过程中钢锭内部缩孔、疏松压实的影响规律,开发满足要求的锻造工艺。

这一技术创新已在实践中得到运用。华龙一号压力容器的锻件,其钢锭吨位从 48 吨的出口接管至 439 吨的容器法兰—接管段筒体,其中容器法兰—接管段筒体锻件采用 460 吨级特大钢锭制造,属于大直径变截面厚壁筒体锻件,其中最大直径 5230 毫米,最大壁厚 630 毫米,也是制造难度最大的锻件。

为此,联合攻关小组开发了厚壁变截面空心大直径筒体锻造成形工艺,掌握了变截面空心筒体锻件在锻件扩孔锻造时金属流动规律,通过设计专用工装、压下量、旋转角度实现了变截面空心筒体锻造成形,攻克了厚壁锻件材料的组织、结构与性能一体化控制技术。

针对变截面空心大直径筒体锻件复杂形状特点,项目组开发了变截面空心大直径筒体锻造成形技术。根据产品形状特点和截面的台阶差,设计专用的锻造工装,通过压下量、旋转角度来控制金属流动方向,根据变截面台阶差的变化及时更换工装,获得满足锻件尺寸、形状、组织与性能的产品。

## 计算机模拟助力

随着核电机组的增大及寿命的延长,压力容器和蒸发器锻件趋于一体化发展。一体化成形设计可减少焊缝,提高了压力容器安全性能的同时,减少了运行期间的在役检查工作量。

在第三代核电设备中,无论是压力容器顶盖还是蒸汽发生器水室封头都含有多个非向心的超长管嘴,如采用堆焊或焊接管座的方式,焊接难度和工作量均较大,焊接质量不容易控制。这类锻件属于异形复杂锻件,不仅形状复杂而且规格超大,近零件轮廓锻造难度大,采用完全覆盖的方式锻压又会造成严重的材料浪费。因此,对于锻造工序而言,在保证锻件质量的基础上,如何有效完成该类锻件近净成型是主要技术难点。

项目组通过计算机模拟,建立了控制压下量和旋转角度的配合关系,揭示相邻压下之间的变形关系,通过控制最大拉应变,防止材料开裂和折叠,有效保证了尺寸余量和内部质量满足要求。

这一新技术在生产实践中得到了应用，不仅节省了生产周期，还节约了生产成本。

CAP1000过渡段一体化底封头深度为2750毫米，无法按普通球面封头成型方式得到，而且底封头锻件板坯厚度达到380毫米，冲压时板坯刚度大，变形抗力极大，变形易不均匀成形难度大。为实现底封头与过渡段的一体化成形，确保一体化底封头锻件在各处均具有足够余量的基础上提高锻件仿形程度，减少锻件的整体余量，联合攻关小组创造性采用二次冲压成型技术完成超深球形封头的成形，打破封头深、常规冲压加工方式的局限性。调研结果显示，白龙CAP1000一体化制造的底封头减少了主环焊缝约1个月的焊接生产周期，其生产、焊材等成本节约100万元左右。

CAP1000压力容器一体化顶盖非堆芯区形状最复杂、制造难度最大的锻件，该锻件由过去球形顶盖和法兰两部分整体制造改为球形顶盖、法兰以及管嘴三部分整体制造。由于厚壁法兰、薄壁顶盖和球顶外部堆测接管管座的存在，整体顶盖锻件无法通过常规的自由锻造成形方式获得，开发上仿形砧和下模具碾压的仿形锻造，创造性地采用胎膜成型技术完成锻件的成型，实现了带堆测接管封头锻件的净尺寸仿形成型，达到国际先进水平。

这一技术创新项目的实施，实现了大型压水堆核电核岛主设备的国产化，解决了核电超大型锻件及核岛主设备产品依赖进口并受制于人的难题，特别是一体化整体设计与制造技术的应用，节省了大量外汇，显著降低了核电主设备建造费用及核电站工程投资，社会效益明显。

同时，也提高了我国核电主设备的制造技术水平，改变了我国过去核电主要大锻件长期依赖进口，推动了我国核电大锻件及产品研制能力和产业化能力达到世界先进水平。它不仅是我国实施"一带一路"倡议、发展高端制造业的一张国家"名片"，更是对世界核电技术的创新作出了巨大贡献。

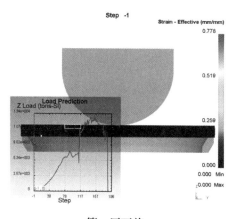

第一压下前

更为重要的是，项目中形成的大型容器锻件产品的热制造技术

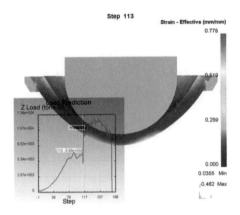

第一次压下后

体系,对于其他核电堆型及民用化工、军工等行业领域的大型锻件一体化设计和制造有着借鉴意义。通过减少焊缝量、中间热处理及无损探伤等方式,以及一体化设计进一步提高异形锻件产品的安全性。

# 11年磨一剑，突破超硬纳米复合涂层关键技术

**李蕾**

　　"没有金刚钻，不揽瓷器活。"众所周知，在工具表面涂上高性能涂层，能够提升工具性能和使用寿命。"这就好比穿上了金刚外衣一般。"近年来，纳米复合涂层是将纳米科学与技术应用于硬质涂层的新产物，也是保护性涂层近年来的发展方向。

　　但是，我国纳米复合涂层相关技术起步较晚，国外技术的垄断和封锁导致国内核心技术、涂层性能指标和生产成本方面相对滞后，严重制约了我国制造业相关领域的发展。为此，有三个关键点亟待突破——如何实现强度和韧性的协同提升？如何在恶劣的服役条件下实现高性能涂层的关键制备技术？如何实现涂层和工具基材之间高的结合强度？

　　上海理工大学材料学院的李伟教授团队，在国家科技支撑计划和国家自然科学基金等项目的支持下，历经11年的产学研合作研究，携手上海工具厂有限公司和宁波盾戈涂层技术有限公司攻克了多项关键核心技术。所研发的超硬纳米复合涂层材料和关键技术荣获2020年度上海市科技进步二等奖，项目获授权发明专利

32 项,实用新型专利 9 项,发表论文 55 篇。

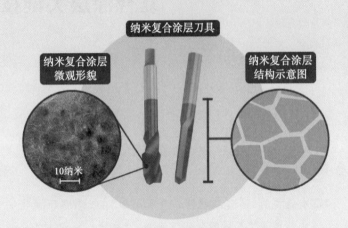

目前,研制出的多系列高性能纳米复合涂层产品,已批量应用于硬质合金铣刀、高性能高速钢钻头、高性能高速钢插齿刀等各种工具上,广泛应用于航空航天、汽车发动机、工程机械、轨道交通、冶金、发电能源、通用机械等众多领域。涂层工具获得了使用单位的高度评价,近三年新增产值 4.06 亿元,新增利润 0.45 亿元,取得明显的经济和社会效益。

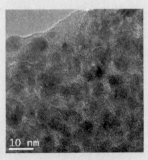

纳米复合涂层的微观形貌

# 如何变成"超硬"

大家都知道,在自然界中,最硬的东西就是金刚石了,它的硬度可以达到 100GPa。而通常,硬度达到 30—40GPa 的可称为"硬级",超过 40GPa 的可称为"超硬级"。

可是,如果一味追求"硬度",往往会出现涂层破裂的现象。"这样一来,刀具就要频繁更换,成本一下子就上来了。"其实,工业的发展和进步不仅要求涂层具有高硬度和耐磨性,以保证工具表面的高切削能力或高耐磨损性能,同时要求其具有高的韧性,以抑制涂层因冲击载荷等导致的脆性断裂。"然而,材料的强韧化是一对矛盾,这要求纳米复合涂层必须攻克高硬度、高耐磨与高韧性协同优化的技术难题。"李伟教授介绍。

怎么破解? 李伟教授团队经过数千次的试验后,提出了纳米复合涂层的共格界面强化机制。简单地说,就是通过在纳米复合涂层的界面层中掺杂微量元素,使界面层进一步多相化,再通过优化界面层厚度使纳米复合涂层内部形成共格界面,利用界面层的相分离对纳米复合涂层的内部结构进行分割,使纳米复合涂层中晶粒进一步细化,可在其内部形成更多界面,这些界面的存在有利于缓解涂层内部的应力集中,并对微裂纹的扩散起到阻碍作用,从而对纳米复合涂层起到增韧效果。这一技术,实现了纳米复合涂层的硬度、耐磨性、韧性的协同提升。其中,通过优化后的 TiAlSiN 纳米复合涂层硬度达到 43.2GPa、同时保持优异的韧性。

此外,李伟教授团队基于界面层多相化增韧机制设计了不同材

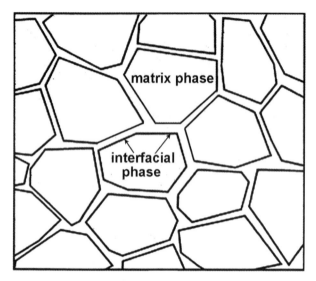

23 纳米复合涂层的结构示意图

料体系的 TiSiNiN、NbSiCN、ZrNiYN 和 TiSiCN 纳米复合涂层,通过界面层掺杂使纳米复合涂层界面层产生多相化,在纳米晶粒和界面相之间呈现共格外延生长的前提下,进一步提升纳米复合涂层的韧性。

## 如何制备"金刚衣"

找到了方法,是不是很容易制备? 答案是否定的。

"纳米复合涂层能否展现出优异性能,关键得满足两点:一个是微结构条件,另一个是成分条件。"李伟教授解释,微结构条件要求在涂层内部形成界面相包裹纳米晶粒的复合结构以及界面相与纳米晶粒之间的共格界面;成分条件是对纳米复合涂层各元素成分进行精确控制,尤其对界面相进行元素掺杂时。

经过反复实验推敲后,李伟教授团队基于物理气相沉积技术,联手合作企业开发了具有纳米复合结构和共格界面的反应溅射离子镀膜关键制备技术、实现纳米复合涂层成分精确控制的复合靶材技术,实现了获得优异性能要求的微结构和成分条件。

这还远远不够。

工具在服役过程中承受很大的载荷,纳米复合涂层对工具起到保护作用的关键前提是——涂层与基材具有较高的结合强度。否则,即使涂层的性能再高,也会因为过早脱落而起不到保护作用。尤其是随着工具服役条件的愈发恶劣对涂层结合强度提出更为苛刻的要求。

然而,纳米复合涂层与基材具有不同的热膨胀系数和点阵常数,因此在结合界面处将产生较大内应力,如何提升涂层与基材的结合强度是涂层有效发挥作用的先决条件。为此,针对工具常用的硬质合金、高速钢等基材,李伟团队研发了纳米复合涂层的关键前处理技术和适用于不同涂层的梯度过渡层技术,降低了纳米复合涂层与基材之间由于热膨胀系数和点阵常数差异带来的内应力,提升了涂层与基材的结合强度。其中,TiAlSiN 和 TiSiCN 纳米复合涂层在硬质合金上的结合强度超过 60 牛顿。

实际应用的效果已经显现。

在航空航天领域,针对钛合金难加工材料的特性,该系列涂层刀具与普通不涂层刀具相比,刀具寿命能有效提升,在切削过程中刀具过去容易出现的粘屑及表面过热情况都得到有效改善,被加工件材料表面质量好。在汽车领域,开发的涂层挤压丝锥,在高碳连杆的加工方面,涂层刀具取得明显成功,涂层 M16 挤压丝锥,在加工碳 50

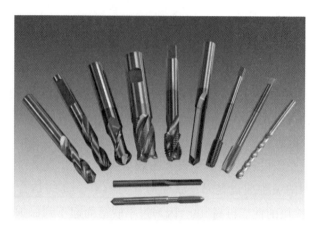

**24 纳米复合涂层刀具**

材料方面,连续攻丝达 2000 余孔,超过进口刀具寿命;开发的涂层 M18 挤压丝锥,在加工 42CrMo 曲轴方面,加工寿命达到 1000 余孔,也成功替代进口产品。在齿轮加工领域,涂层高速钢齿轮滚刀与传统高速钢齿轮滚刀相比,其切削效率与切削寿命均大幅提高。目前,公司的涂层齿轮滚刀已成功进入长春一汽、山东时风集团等汽车加工领域。在工程机械领域,开发的涂层高性能高速钢钻头和涂层高性能螺旋槽丝锥在起重机回转支撑 65Mn 材料加工方面,成功替代进口,批量供货。

# 上海原创的节水抗旱稻，
## 喝水少、长势好

**侍佳妮**

　　走进上海市农业生物基因中心，灿烂阳光透过玻璃洒落在绿意盎然的中庭，中庭四周环绕着明净的实验室，科技与自然的和谐相处在此彰显。这座外形仿若"诺亚方舟"的建筑，拥有低温低湿库和超低温库两套保存系统，可实现30万份农业种质资源的长、中、短期保存。

　　2021年11月3日，国家科学技术进步奖揭晓，上海市农业生物基因中心罗利军团队的"水稻遗传资源的创制保护和研究利用"获得国家科学技术进步一等奖。这是中国农业界时隔 8 年后,在国家科学技术进步奖的评选中再次获得一等奖。

## "高性价比选手"

民以食为天,作为中国最常见的农产品,水稻的重要性不言而喻。运行 20 年来,上海市农业生物基因中心已经建成全球最大的水稻功能基因资源库。资源收集保护是一项基础性、长期性、公益性和战略性科研工作,能够保存基因多样性,为未来研究提供潜在机会。

当然,对种质资源的收藏、研究,最终还要落到应用层面,才能真正造福于民。在保护和研究种质资源的基础上,罗利军团队还开创了节水抗旱稻这一新类型。这是一种富有想象力的改良:将旱稻节水抗旱的特性嫁接到水稻上,"组装"出节约大量水资源、对土质要求不高、产量相对不错的"高性价比选手"。

新中国成立后,为了解决数亿人的吃饭问题,几代科学家倾尽心血培育水稻新品种,将水稻由高秆变矮秆、常规稻变杂交稻,书写了中国农业奇迹。然而 20 世纪 80 年代后,水稻的理论产量虽一再创新高,但实际亩产却难以突破。这是因为中国耕地多为中低产田,淡水资源也很匮乏,一样的稻种播撒下去,贫瘠土地上长出的稻子产量远远不及试验田。

1995 年左右，罗利军意识到，实际生产中想再提高水稻产量，实在太难。1998 年 3 月至 4 月，在国际水稻研究所进行合作研究期间，罗利军在图书馆查到一篇文献，他回忆："看了这篇文章，当时我就惊呆了。"文章显示，当时农业用水占全中国总用水量的 70%，其中水稻用水占农业用水的 70%，而那时水稻的研究主攻方向仍是提高亩产。合上文献，罗利军深感现有水稻品种抗旱性差，生产用水太多，但中国淡水资源紧张，水稻发展必将受淡水资源限制。

联想到十年前在广西田林考察时看到的深山旱稻，老百姓清明节前放火烧山，撒下稻种，不闻不问，秋天也能有一定收成，罗利军灵光一现，于是他萌生了将研究方向从超高产育种转向旱稻育种的想法。

## 喝水少又长势好

实验室研究表明，人类种植的稻子是先从野生稻进化成旱稻，再进化成水稻。要育成突破性的品种，核心仍然是种质资源。罗利军团队找到合适的高产优质水稻，与抗旱性强的低产旱稻杂交，经过多年试验，育成节水抗旱稻。

又要喝水少，又要长势好，这似乎是鱼和熊掌不可兼得的两面。但节水抗旱稻做到了，它的重要特征是根系非常发达，而且干旱时会自动卷叶，"缩紧身体"，减少水分流失，因此具有抗旱特性。普通水稻用 1 立方米水约生产 0.66 公斤稻谷，而节水抗旱稻用 1 立方米水可生产 1.5 公斤至 2 公斤稻谷，水分利用率提高了 1.5 倍以上。

传统淹水种植水稻的方式，大量施用化肥农药，随稻田水排放到河道，产生的面源污染使河水富营养化，且会释放出大量温室气体甲烷。节水抗旱稻既可以像水稻一样在水田节水栽培，又可以像小麦一样在旱地种植。这种直播旱管的栽培模式，改变了水稻传统淹水种植方式，也改变了稻田生态系统，减少病害的发生而少用农药，使得稻田排水的减少甚至无排水。采用旱种旱管等轻简化栽培模式，极大节约了人力成本。此外，大幅度降低灌溉用水和农药化肥使用量，也有效减少面源污染与稻田温室气体排放量。

2019 年至 2020 年，上海市农科院生态研究团队和上海市农业生物基因中心一起，针对安徽省七个地区种植的节水抗旱稻进行了两年的碳减排效益评估，结果表明，传统水稻种植模式改为节水抗旱稻旱种旱管模式后，稻田主要温室气体成分甲烷的排放量降低 97%。

在具有用水少、化肥少、成本低、污染小、省人力等优势的基础上，节水抗旱稻的产量与水稻基本持平。

## "八月香"飘万里

8 月就能吃上当年新米？这似乎是一件违反常识的事情。然而在上海市金山区廊下镇，8 月下旬，随着收割机在田间穿梭，闻上去有"爆米花香"的"八月香"从田间地头走向市民餐桌。这也是节水抗旱稻发展出的一个代表性品种。

"八月香"是一种生长周期很短的节水抗旱稻新品种，在 7 月持续高温的情况下抽穗灌浆，大米外观晶莹透亮，各项指标均达国标一级优质米标准。赶在 9 月之前上市，快人一步，为上海本地大米创造销售优势。

2020 年，"八月香"在廊下镇首次试种 200 亩，上市三天即被市民抢购一空，不少消费者反映"八月香"口感好，"能多吃两碗"。2021

年，廊下镇扩大种植"八月香"品种 1000 亩，可惜受台风影响，亩产有所减少。

"八月香"在上海的生育期只有 105 天，4 月底至 5 月初播种，8 月中下旬就能收获上市，比上海常规粳稻可提早 50 天左右。为了让稻米在很短的生长周期内拥有良好口感，科研人员巧妙改良"八月香"的基因，使得稻米"身材"小而精悍。廊下镇党委书记沈文说："这 50 天太珍贵了，让出一个茬口，足够一季生菜从播种到成熟。我们廊下镇是上海市沙拉菜的主要生产基地，生菜不愁卖!"成本低、省人力、销路好，越来越多的农民看到了节水抗旱稻这一新型品种的经济优势。

节水抗旱稻的推广和应用，在国内外都产生了重大影响，不仅在安徽、江西、湖南、湖北等地表现优异，还走出国门，在乌干达、肯尼亚、尼日利亚等非洲国家以及印度、印度尼西亚、缅甸、巴基斯坦等亚洲国家生根发芽。

"本着立足上海、面向全国、接轨世界的原则，为我国农业的持续发展准备物质与技术基础的宗旨，通过资源的收集保存，使今天的财富完整地传承给子孙后代;通过节水抗旱稻的研发创新，使育成的新品种播撒到全球的每个角落。"罗利军如此总结"水稻遗传资源的创制保护和研究利用"这个项目的成就和未来展望。

# 在污水里建"特种部队"，同济攻克高氨氮废水脱氮

**李蕾**

"我们培育了一支'源于污水、洁净此水'的'特种部队'，让它去洁净污水，成功解决了高氨氮废水脱氮这一世界性难题。"同济大学环境科学与工程学院王亚宜告诉记者。这是什么特种部队？原来，这是王亚宜教授团队承担完成的"高氨氮废水厌氧氨氧化脱氮关键技术创新与应用"项目，该项目获得了 2020 年度上海市技术发明奖一等奖。

众所周知，氨氮废水来源甚广且排放量大，如化肥、焦化、石化、制药、食品、垃圾填埋场等均产生大量高浓度氨氮废水。大量氨氮废水排入水体不仅引起水体营养化、造成水体黑臭，而且将增加给水处理的难度和成本，甚至对人群及生物产生毒害作用。

我国高氨氮废水的氮含量高达 400 万吨/年，占工业废水氮含量的 70％以上。同时，高氨氮废水种类繁多，水质复杂，是水污染治理的焦点问题之一。因此，加大高氨氮废水脱氮力度，是打赢"碧水攻

坚战"的关键任务。但高氨氮废水氨氮浓度高、组分复杂，环境危害大，处理难度高，采用传统脱氮工艺流程长，药剂投加量大，处理能耗高，运行维护难，二次污染严重。因此，高氨氮废水脱氮是污水处理领域的世界性难题，亟须开发低耗高效的脱氮新技术。

荷兰工程师吉伊斯·库宁1999年发现，属于浮霉菌门的厌氧氨氧化菌可在无需碳源的条件下将氨氮转化为氮气。从此，对可在厌氧环境下"氧化"氨氮的厌氧氨氧化菌的探索利用渐成热门话题。"但是，由于存在厌氧氨氧化菌富集难、反应器启动慢，加上运行不稳定等技术瓶颈，厌氧氨氧化技术在高氨氮废水领域的工程应用化道路十分难走。"王亚宜介绍。

王亚宜说，低碳时代的污水处理要把环境友好放在首位，因此寻找合适的武器十分重要。利用污水的高浓度氨氮特点，因水就材，从污水中培育一支低碳除氮"特种部队"来，让它在消灭"敌人"的同时，自身不断发展壮大。经过反复论证、遴选，团队得出厌氧氨氧化菌的高效选育具有理论上的可行性后，就开始了十多年的攻坚克难，潜心在污水中做锦绣文章。"这就好比在污泥中设法培养了一支'特种部队',去打另一支顽固不化的武装力量——污水中高浓度氨氮。"王亚宜形象地解释说,经过精心锻造,这支特种部队最后成了海军陆战队。"

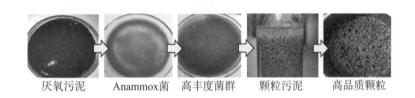

厌氧污泥　　Anammox菌　　高丰度菌群　　颗粒污泥　　高品质颗粒

的确,十多年来,王亚宜教授团队迈过了一道道坎儿、拿下一个个关隘,最终形成了拥有完全自主知识产权的厌氧氨氧化原创性技术体系。首创了厌氧氨氧化菌种规模化培育和脱氮功能菌群优化协作调控技术,开展了以厌氧氨氧化颗粒污泥反应器为核心的高氨氮废水深度脱氮工程应用,首次成功解决了热水解污泥消化液和垃圾渗沥液处理的国际性难题。

王亚宜介绍,团队发明了厌氧氨氧化菌快速定向选育与高丰度富集技术,实现了菌种规模化培育。该技术实现了厌氧氨氧化菌定向高效选育与动态膜高丰度富集,驯化周期缩短 4 倍;首创厌氧氨氧化颗粒快速形成及增强技术,颗粒化程度超过 95%,强度提升 2 倍以上,实现厌氧氨氧化菌种的快速规模化培育。

同时,团队还发明了多菌群协作优化的脱氮功能菌群调控技术,攻克了厌氧氨氧化快速启动和稳定运行难题。团队首创的 AOB(氨氧化细菌)淘汰 NOB(亚硝酸盐氧化菌)半短程硝化调控技术,使亚硝酸盐积累率高达 90% 以上;发明了溶解氧控制下的菌群优势共生技术,自主研发了新一代一体化厌氧氨氧化颗粒污泥反应器,大大提高了总氮去除效率。

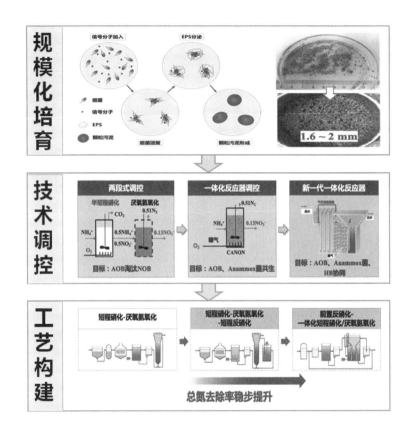

此外,经过数十年的努力,王亚宜团队构建了以厌氧氨氧化颗粒污泥反应器为核心的高效深度脱氮工艺系统,并成功应用于热水解污泥消化液和垃圾渗滤液等的脱氮处理,总氮去除率大于93%,且比传统方法降低40%—50%的运行费用,大幅提升了我国高氨氮废水的处理水平。

据悉,这一绿色生态项目成果已成功应用于苏州、长沙、秦皇岛、联化科技山东平原基地、联化科技盐城基地、安徽昊源、陕西精益化工等多地的污泥消化液、垃圾渗滤液和煤化工等高氨氮废水处理工程,应用总规模达 6300 吨/天,氨排放量减少 2447 吨/年,碳源节省100%,电耗节省 50%。近三年直接经济效益新增产值 23055 万元,新增利润 5168.3 万元,新增税收 775 万元。

与此相适应,团队共申请专利 31 项,其中授权发明专利 23 项;发表论文 135 篇,其中高水平论文 81 篇(他引 2441 次),专著 2 部。"项目成果显著提升了我国高氨氮废水处理技术水平,促进了污水处理与资源化的技术进步,整体达到国际先进水平。"业内专家评价说。

# 追索生活日常中的"新型污染物",保护水环境

彭德倩

　　我们每个人每天要洗脸刷牙,许多人清晨出门也会梳妆打扮,病人会服用各种药物……但大家可能都没意识到,药品和个人护理用品中未被人体吸收的成分,也可能对水源和土壤造成污染,积累多了可能威胁人类健康。

　　近年来,同济大学环境科学与工程学院周雪飞教授团队对化学污染物的关注从农药等典型的环境污染物延伸到了这一"新型污染物"——药物和个人护理用品(PPCPs)。在 2020 年举行的上海市科学技术奖励大会上,周雪飞教授领衔的"典型药物和个人护理品(PPCPs)全过程环境污染控制关键技术及应用"项目获技术发明一等奖。

　　值得一提的是,这是 PPCPs 环境污染控制领域首个获得省部级科技奖项的项目。"成果从生产源头、使用过程、环境净化全过程控制 PPCPs 环境污染,全方位保障水环境质量安全,在投资、运行能耗、二次污染控制等方面都达到了国际先进水平,取得了重要技术创新,在生态文明建设中大有可为。"业内专家评价。

## 环境中 PPCPs 排放来源

据介绍，PPCPs 与人类生活密切相关，是一个庞大的化合物体系，包括各种处方药和非处方药，如抗生素、消炎药等，个人护理用品方面，日常的有牙膏、护肤品、防晒霜、香水等等，涵盖极为广泛，主要通过工业废水、畜禽废水、医院废水和生活废水等处理后尾水的排放进入环境。

许多 PPCPs 组分具有较强的生物活性、旋光性和极性，大都以痕量浓度存在于环境中。兽类医药、农用医药、人类服用医药以及化妆品的使用是其导入环境的主要方式。由于该类物质在被去除的同时也在源源不断地被引入到环境中，人们还将其称为"伪持续性"污染物。城市污水是一种重要的资源，其处理得好坏将直接影响到人体的健康和受纳水体的水质。大多数 PPCPs 以原始或被转化形式排入到污水中随污水进入污水处理厂。海外曾有文献报道在城市污水处理厂排放口检测到一定浓度的 PPCPs。

"生产环节主要是药企、日化等厂家的工业废水排放。使用环节，像药品进入人或畜禽体内并不会完全被吸收，未被吸收的部分会随着排泄物进入污水系统，而外用的护理品则直接通过日常的清洗、游泳等途径排放，甚至没用完的药品投入垃圾桶，如果后续处理不当，也会通过渗透等途径进入环境，进入水体的 PPCPs 可能会通过饮用水和食物危害人体，等等。"

"PPCPs 具有生物活性、生物累积性和准持续性，对环境有着长

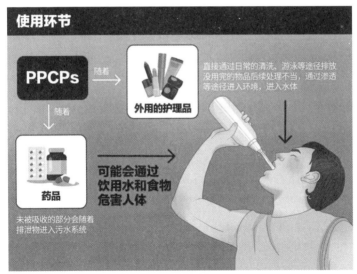

王美杰　制

期潜在且不可恢复的影响。"周雪飞举例说,印度就曾有过惨痛的教训。在印度,牛的地位很高,牛死后,尸体一般被置于野外或专门的停尸场,任其自然消失,而以腐肉为食的秃鹫则是大自然最重要的"清道夫"——一群秃鹫可以在几分钟内处理完一具死尸。2000年,印度人突然发现99.5%的秃鹫消失了,没有了秃鹫的印度乱作一团:野狗暴增、花豹横行、瘟疫肆虐,约有48000人死于狂犬病,损失约24亿美元。更恐怖的是,这种糟糕的状况正以印度为中心,向尼泊尔、巴基斯坦等周边国家扩散。研究人员经过各种检测最终揭开谜底,原来,牛尸体内残留的兽用消炎止痛药双氯芬酸是几千万只秃鹫短时间内统统死于肾衰竭的罪魁祸首。

据统计,全世界范围内每年 PPCPs 产量高达 2000 万吨。"如何有效控制 PPCPs 环境污染是全人类面临的重大课题。"周雪飞说,随着经济的发展以及生活质量的不断提高,PPCPs 的产量和用量日趋巨大,种类日益繁多,结构日渐复杂,PPCPs 污染对于全球环境和人类健康的潜在危害已引起各国政府、学术界和公众的重视。

## 研究成果已成功应用于多家药企

据悉,周雪飞团队在国内较早开展 PPCPs 环境污染控制研究。自 2006 年开始,针对 PPCPs 污染物的环境赋存和迁移转化规律开展了深入的研究;随后针对 PPCPs 污染控制过程中存在的问题,在基础理论构建、关键技术和装备开发等方面,系统开展 PPCPs 全过程污染控制技术研究,取得了一系列创新性成果,并已成功应用于实践。团队首创了"典型 PPCPs 全过程环境污染控制关键技术体系",从生产源头、使用过程、环境净化全过程控制的关键技术和专用装备入手,实现 PPCPs 全过程污染浓度递次削减。

与此同时,针对生产源头,团队发明了催化微电解-强化生化-高效分离处理新工艺,解决了 PPCPs 生产废水可生化性差、泥水分离效率低的处理技术难题,实现了生产废水高效低耗深度处理和PPCPs 生产源头高效控制。目前,该成果已成功应用于多家药企。

## 技术工艺革新激发广阔应用前景

基于 PPCPs 使用过程排放特性,团队构建了医院废水、畜禽废水、市政废水 PPCPs 多级屏障阻控技术,解决了 PPCPs 在传统废水处理工艺中去除率低、控制技术种类匮乏的难题,在传统污染物达标排放的同时,实现 PPCPs 高效阻控和技术工艺革新。

环境净化层面,团队发明了特异性吸附和高效降解 PPCPs 的新型环境功能材料,解决了环境低浓度 PPCPs 削减中基质干扰严重、去除效率低的关键技术难题,实现了环境中痕量难降解 PPCPs 的深度净化及技术装备创新。

十多年来,周雪飞团队持续深耕 PPCPs 环境污染控制研究,成果已申请中国专利 38 项,美国专利 1 项,授权中国发明专利 24 项;发表 SCI 论文 63 篇;出版专著 3 部。相关技术成果通过产学研合作在全国十余个省市百余处项目得到推广,社会、经济、环境效益显著,具有广阔应用前景。

### 【相关链接】

自 1976 年美国在环境中检测到药物残留以及 1981 年在伦敦的一条河流中检测出 25 种药物的浓度均超过 1000ng/L 等事件以来,PPCPs 作为一大类新兴污染物开始受到环保工作者的关注。

很多国家和地区都相继开展了环境中 PPCPs 的检测工作,且很多研究都发现了水体的 PPCPs 污染现象。

1998 年,在欧洲的一条河流中,发现卡马西平、双氯芬酸、布洛芬以及多种抗生素和脂质调节剂的浓度达到了 $20\sim140\mu g/L$。Baker 等在英国开展的针对 64 种目标药物的研究显示,各个取样点都可检测到其中的 29 种目标药物。德国在地表水的检测中发现,卡马西平、氯贝酸、双氯芬酸、普萘洛尔和磺胺甲恶唑等的浓度为 $0.48\sim1.20\mu g/L$。葡萄牙的 Lis 河中针对 33 种目标药物开展的调查显示,其中 20 种药物被检测到,卡马西平、氟西汀、布洛芬、酮洛芬、水杨酸的检出率达到了 100%。在南非的地表水中检测到 40 种新兴污染物,其中 75% 的污染物浓度高于在英国检测到的浓度。法国在 2009 年—2010 年针对水源的药物残留开展了一项全国性调查,从检测结果来看,检出频率最高的为咖啡因(49.6%)。

不同国家、同一国家内不同区域或季节变化都存在 PPCPs 的分布差异。

# 大楼"长高"如何抗震？ 同济科学家探索"如竹之韧"

王美杰　制

**彭德倩**

大楼越造越高，体量越来越大，造型结构越来越复杂，面对强震和飓风等自然灾害，这些建筑能否屹立不倒？"小震不坏，中震可修，大震不倒"是建筑结构抗震设计的理念，大震不倒，是否就意味着高昂的造价？

面对国家重大战略需求，上海防灾救灾研究所所长、我校土木工程学院特聘教授李杰认为，建设韧性城市，结构分析和设计理论需要变革，精细化分析与整体优化设计势在必行。"打个不恰当的比喻,台风过境,有些大树可能会倒,竹子反而不会,所以,增加承载力储备的传统做法,未必就一定没有风险,而且承载力储备就意味着高成本,最重要的是,长此以往,结构工程和防灾科学就会裹足不前。"

经过15年的持续科研攻关,李杰领衔的"复杂建筑结构精细分析与整体抗灾性能调控关键技术"项目给出了更安全更经济的答案:基于建筑结构的精细化分析,对建筑结构进行整体抗灾性能优化,可以提升大型复杂建筑结构整体抗灾性能,并显著降低结构造价。该项目荣获2019年度上海科技进步奖一等奖。

## 需要解决三个关键难题

李杰介绍,要实现结构精细化分析与整体抗震优化设计,需要解决三个关键难题:材料非线性的合理反映、结构破坏的准确模拟、复杂结构的优化设计。"在强震作用下,材料会出现非线性行为,比如混凝土会开裂甚至压碎,钢材会屈服甚至断裂,传统的结构设计理论,无法反映这些非线性行为,更谈不上从材料损伤到结构破坏的全过程模拟。"

李杰带领团队追本求源,建立了钢筋混凝土复合材料弹塑性损伤理论,构建了混凝土弹塑性随机损伤物理模型,首次实现了钢筋混凝土复合材料静、动力非线性行为的综合反映。美国科学院院士、工程院院士巴让特(Bazant)教授盛赞该模型是"一个出类拔萃的混凝土模型"。

"在国际上,这是一个长期悬而未决的难题。我们的理论成果经过了充分的实验验证。"李杰说，"6 年，1042 组实验，我们课题组的任晓丹副教授和同学们一起付出了艰苦的努力。"

值得一提的是，2010 年，该损伤模型被纳入我国《混凝土结构设计规范》，这是国际范围内首次将混凝土损伤模型引入国家标准。"设计规范引入理论模型的案例很少，设计规范强调应用，我们的损伤模型理论性比较强，但好用。"任晓丹告诉记者，十年的应用证明，损伤模型在设计界大受欢迎，并形成了自己的话语体系。比如，针对大震非线性分析的结果，设计师们的讨论模式通常是这样的："有哪些损伤？损伤在哪些位置？""算出来的损伤主要集中在哪个部位？哪些损伤可以减少一些？"

均王美杰制

理论创新的价值远不止于此。李杰介绍,损伤模型并不仅仅适用于结构抗震设计,山东建筑大学将损伤模型应用于复杂建筑结构的移位,"准确地模拟了托换梁混凝土开裂过程和新老混凝土界面脱离过程",该技术成果与山东建筑大学多年来的研究成果一起获得了2014年国家技术发明二等奖。

在理论创新的基础上,团队研发了大型结构非线性分析软件系统 ADARCS,建立了复杂建筑结构的精细化分析技术平台,实现了复杂建筑结构从材料损伤到结构倒塌全过程的精细化分析。李杰告诉记者，该技术解决了诸多历史难题，如框架梁坍塌效应的模拟、复杂构件的受力分析等等，在国际上均处于技术领先地位。

李杰教授在工地（同济大学供图）

"比如这个美丽的蝴蝶形曲线，是开口剪力墙的滞回行为模拟曲线，也是国际上知名的难题。很多人能做出这个试验，但无法通过模型模拟出这个曲线。我们发展的技术，完美再现了这类极具挑战性的试验结果。"李杰说，这个蝴蝶形的曲线在国内外各大国际会议报告现场收获惊叹无数，"这个曲线有隐式和显式两种算法，隐式结果更稳定，国际上能做出显式曲线的，一个巴掌数得过来，但能做出隐式曲线的，目前只有我们课题组。"

## 结构精细化非线性分析软件与模块研发

揭开了大型复杂建筑结构从材料损伤、构件破坏到结构倒塌全过程的神秘面纱,有了软件的加持,对各类建筑整体抗灾性能进行精准调控就不再是难事。"常规优化,主要体现在用钢量上。"李杰介绍,基于可靠度的结构敏感性分析,依据指标敏感度进行结构优化设计,在确保结构满足规范要求的同时,可以显著降低结构造价,比如6月28日刚刚开工的苏州第一高楼中南中心,抗震优化设计后,仅主体结构构件,即可节约钢材1067.4吨。

"另外一种优化,是实现了主体结构与减震装置的一体化设计。基于精细化分析,针对薄弱部位,可以设计减震装置的布置位置和形式等,显著提升建筑的整体抗灾性能。"李杰说。

李杰教授和课题组陈建兵教授在上海中心工地(同济大学供图)

据悉,软件开发后,李杰团队还在国际知名开源结构分析软件平台OpenSees上以"中国规范模型"名义贡献了模块,并基于国际知名有限元平台 ABAQUS 进行了二次开发。

据悉,项目已获得 5 项国家专利、5 项软件著作权,出版学术专著 1 部,发表 SCI/EI 论文 78 篇。截至 2017 年,成果已直接应用于 30 余座大型复杂结构的精细化分析与优化设计,显著提高了结构的抗震性能。据不完全统计,全国在建 300 米以上的超高层项目中,有 10%的项目直接应用了该技术。项目成果近三年实现直接经济效益 4.75 亿元,间接经济效益 7.85 亿元。

## 摩天大楼"下盘功夫",同济早有探索

帮助摩天大楼练就更多稳扎稳打的功夫,同济大学早有探索。解放日报·上观新闻记者获悉,该校结构工程与防灾研究所专家历经十余年,研发成功结构抗震防灾新技术,这一"中国功夫"日前首次在抗震研究强国日本实现工程应用,令建筑物的"马步"扎得更稳。

近年来,随着我国高层建筑结构体系越来越复杂,对高层及超高层建筑的抗震技术需求日益迫切。自 1994 年起,在吕西林教授带领下,课题组致力于开发新型的抗震防灾技术。吕西林坦言,在土木工程领域,原始创新非常少,他们的"马步新招"靠的是集成创新,即利用已有技术、设备,达到"1 + 1 > 2"的效果。相关论文已在国际一流专业杂志《地震工程与结构动力学》上发表。

走在同济大学土木工程系楼梯上,常有人要问:那转角处贴着墙面、顶着天花板的人字形灰色结构干啥用? 这正是专家们的得意之作:将橡胶耗能、油阻尼器这两大减震设备创造性地连在一起,不仅能令大楼抵抗住相当于 6 至 7 级强震的冲击,而且施工较传统方法更为简易。这一消能减震支撑体系,获得国家实用新型专利,并应用

ADARCS 分析平台

OpenSees 模块开发

部分核心软件著作权

ABAQUS+Pyhon 模块开发

**结构精细化非线性分析软件与模块研发(同济大学供图)**

于上海市 3 项实际工程。如上海港汇广场商务办公楼的加固设计使用了这一创新技术,整个加固过程中广场基本未停业。

让摩天大楼的"下盘功夫"更强,同济大学专家再做"加法",采用各种滑动支座"并联"橡胶支座,组成全新的组合隔震系统,成功应用于超高建筑的基础隔震。据了解,它已在日本的 4 个高层建筑工程中发挥作用,当地企业数据显示,这一技术在达到相同抗震效果前提下,工程成本降低 10% 左右,产生直接经济效益 6169 万日元。

# 第四篇

## 面向人民生命健康

# 精准打击癌症"头号杀手"，
# 肺癌诊疗跑出"中国速度"

**黄杨子**

我国癌症"头号杀手"——近年来，肺癌已被冠上此名。作为目前我国发病率和死亡率最高的恶性肿瘤之一，晚期肺癌患者占总体肺癌人群的70%以上，而肺癌诊疗的困境主要集中在3个方面：早期肺癌（如肺小结节）的影像学诊断特异性不高；晚期肺癌缺乏精准分子分型体系；晚期肺癌尚未建立精准治疗策略。这意味着，肺癌早期诊断较为困难，多数患者在确诊时已属晚期，失去手术治疗机会。因此，提高肺癌早期的诊断水平、优化肺癌晚期的精准治疗策略和全程管理路径是改善肺癌整体预后的关键。

上海市肺科医院肿瘤科主任周彩存团队本次凭借"肺癌精准诊疗关键技术研究与推广应用"项目荣获2019年度国家科技进步二等奖。历时10余年，团队通过基础—转化—临床研究的模式，建立并优化了肺癌精准诊疗策略和全程管理路径，改变了中国肺癌整体诊疗模式。

## 早期精准筛查，晚期精准治疗

近年来，"低剂量螺旋 CT"已成为临床上早期肺癌筛查的最推荐方式，但它也存在假阳性率高的缺陷。为此，周彩存团队最早在国内成功研发出 2 种新型分子标志物诊断试剂（肺癌血清自身抗体谱和叶酸受体阳性循环肿瘤细胞），通过大规模队列研究发现，分子标志物联合低剂量螺旋 CT 可将表现为肺小结节的早期肺癌诊断阳性预测值从 69％提高至 95％，首创了分子标志物联合影像学的诊断新策略。目前，通过该研究，已申请专利成果 6 项，2 项自主研发产品获批上市，已在全国 153 家医疗机构推广应用，获中国抗癌科技一等奖。

在肺癌的各种分型中，有一类最常见的类型——非小细胞肺癌（NSCLC），它约占肺癌的 80％至 85％。然而，57％的患者在诊断时即为晚期，晚期 NSCLC 患者生存时间短，5 年生存率不足 5％，也无法承受手术治疗。"肺癌患者日益增多、患者生存需求日益提升，谁能提高肺癌诊疗速度，谁就抓住了延长肺癌生存甚至治愈的机会。"周彩存说。

他解释，我国 40％至 50％的肺癌患者存在表皮生长因子受体（EGFR）突变，"从最早期的一代 EGFR-TKI 靶向药吉非替尼开始，我们就发现其在非吸烟肺癌患者中疗效优于化疗；到后来的尼洛替尼、奥希替尼和吉非替尼等靶向药均表现出卓越的治疗优势。目前临床上，几乎所有的肺癌患者在治疗过程中都使用了 EGFR-TKI，EGFR-TKI 在肺癌治疗中的地位已不可撼动。"

为此，团队在国际上率先建立驱动基因阳性晚期 NSCLC 精准化治疗策略和全程管理路径，突破肺部小标本获取禁区，在国内率先建立全面的小标本获取方法和精准快速分子检测平台，完善我国晚期 NSCLC 分子分型谱；基于此，团队还开展了全球首个 EGFR-TKI 靶向药厄洛替尼治疗 EGFR 突变中国晚期 NSCLC 的 Ⅲ 期临床研究，确立精准分子靶向治疗的地位。

通过转化研究深入解析靶向药物耐药机制和克服策略，建立全程管理路径，突破 EGFR 突变晚期 NSCLC 患者治疗瓶颈，使其总生存期超过 3 年；在应用基础研究方面，还首次提出 EGFR/ALK 双驱动基因克隆进化新理论，革新研究观念。

该研究结果一经公布即引起全球轰动，世界肺癌大会主席光冨徹哉(Mitsudomi)教授同期在《柳叶刀·肿瘤》(Lancet Oncology)期刊发表评述表示，"OPTIMAL 项目令人惊叹"，并指出该研究具有改变临床实践的重要意义。该研究较欧洲同类研究 EURTAC 项目的结果报道整整领先了 1 年。

## 联合治疗时代的"中国速度"

同时，周彩存团队也在国内首先确立驱动基因阴性晚期 NSCLC 精准化治疗策略，牵头开展的 Ⅲ 期临床研究，首次证实了抗血管生成治疗联合化疗可使驱动基因阴性晚期 NSCLC 患者的总生存期提高至 2 年以上，改变了此类患者的一线治疗策略。在此基础上，团队进一步成功研发靶向肿瘤新生血管的新型化疗药物，为驱动基因阴性晚期 NSCLC 患者的精准化治疗决策提供科学依据和新策略。

周彩存介绍，绝大多数肺癌患者存在驱动基因，这是什么？"汽车往哪个方向走，谁说了算？是驾驶员。而细胞往什么地方发展也有一个'驾驶员'，那就是不同的信号传导通路。"他打了个形象的比方,"传导通路好就是好的正常细胞,传导通路不好就是癌细胞,肺癌就是因为不同的信号传导通路在人体内引起的肿瘤,这也是未来个体化治疗的方向。"

他也坦言,"随着肺癌患者数量的不断上升,我不可能有精力为每个患者诊疗。因此,我们建立健全了肺癌小标本获取方法和驱动基因快速精准检测平台,希望为更多医疗机构带来推广应用的可能性。"团队累计完成 CT 引导肺穿刺/活检 5 万余例、超声支气管镜针吸活检 2 万余例、电磁导航活检/小探头超声 3 千余例,并建立了 6 大分子检测平台,完善了我国 NSCLC 驱动基因谱并优化检测人群,《欧洲癌症杂志》系统据此介绍了肺癌诊疗的"中国速度"。

除了"治",更要"防"。"真正提高治疗率甚至治愈还需将关口前移,不少发达国家正是通过低剂量螺旋 CT(LDCT)大幅降低了某些肿瘤的死亡率。"周彩存说,"肿瘤治疗正在从靶向药的时代向前进化,进入多种方式联合治疗的更精准时代;癌症也在朝着慢性病发展,长期控制、带瘤生存都不再是奢望。"他颇有信心,"笑谈癌症也许为时尚早,但有一点毫无疑问:肺癌治疗的曙光已经出现。我们将继续攻坚肺癌精准医疗体系建设中的难点,为更多患者带来希望。"

## 当肺癌患者遇上新冠:还有哪些注意事项

2020 年年初,一场新冠疫情改变了不少患者的就诊习惯,如今进入疫情常态化防控后,对于肺癌患者而言,是否还有什么需要注意的特别情况?

周彩存介绍,肺癌患者在化疗之后,往往会出现一些身体指标和功能异常的情况,如白细胞下降、血小板降低等,在城市交通受限、医院减诊甚至停诊的特殊时期,这些患者的异常状况很难得到及时处理。"其中,白细胞下降最为常见,白细胞下降之后会引起中性粒细胞下降,从而导致患者免疫力下降。"他给出建议,化疗后可预防性注射升白针,"还要注意加强日常饮食营养补充,不偏食不挑食,保持营养均衡。"

对于目前依旧无法出省就诊的患者,治疗计划难免被延误应该怎么办? 周彩存建议,可在与主治医生和当地医院充分沟通好的前提下,尽早恢复连续规律治疗,不可抱有侥幸心理,"毕竟癌细胞不会为新冠病毒让路。"

由于两种疾病都以肺部病变为主,在症状和影像学上有什么不同吗? "新冠肺炎症状以发烧、咳嗽和呼吸困难为主,肺癌患者也会有相同症状。但值得注意的是,肺癌引起的癌性发烧往往是长期无规律的,基本是低热和中热,患者多数已经到晚期,肿瘤负荷比较大。"他介绍,"肺癌患者的血象也与新冠肺炎不同:癌症患者白细胞增多而淋巴细胞不会减少。新冠肺炎患者由于病毒感染,白细胞数量通常会不变或轻度减少,而淋巴细胞减少。"

周彩存认为,新冠病毒并不比其他流感病毒更加易感,肺癌患者要做到不被新冠病毒感染,只需要完全隔断与新冠病毒接触的机会。"做好个人防护后,尽管抵抗力不高,肺癌患者感染新冠肺炎的几率也几乎为零。"他指出,除了最重要的洗手、戴口罩等日常防护,在冬春交替的季节,防寒保暖仍必不可少。

# 建立中国人食管鳞癌基因谱，
## 提升"中国方案"疗效

**顾泳**

从绘制中国食管癌基因图谱、创立以精准的"累及野"放疗技术为核心的食管癌根治性放化疗方案，到最后形成食管癌放化疗"中国方案"关键技术，复旦大学附属肿瘤医院放疗科赵快乐教授团队历时近30年完成的项目"中国食管癌基因谱特征和放化疗方案关键技术创新与应用"，2021年12月1日荣获上海市科技进步一等奖。

## 提出中国人食管鳞癌基因谱新理念

中国是食管癌大国，发病人数占全球一半，且90％以上是食管鳞癌。欧美国家食管癌发病率低，且多为食管腺癌。放射治疗为主的综合治疗是局部晚期食管癌的最重要的根治性治疗方法之一。

目前中国食管癌放射治疗方案的制定主要依据欧美国家循证医

学的证据（国际标准方案），但在临床一线工作数十年的赵快乐教授认为，中国食管癌与欧美食管癌从发病原因、发病数量、病理类型等都存在巨大差别，应从生物学角度出发，确定中国食管癌与欧美食管癌的相同和不同之处，建立中国特色的食管癌治疗方案。

赵快乐率领团队提出中国人食管鳞癌基因谱与欧美白人存在不同的新理念，倡导建立符合中国食管癌特点的治疗方案。研究组通过大样本的中国和美国不同人种间的食管鳞癌基因谱对比，首次发现，中国人比欧美白人食管癌高发的主要原因是中国人有更高的氧化应激和酒精代谢缺陷，包括乙醛脱氢 2（ALDH2）、乙醇脱氢酶 1B（ADH1B）和 SNP rs113671272 基因多态性。

在患者中，TP53、EP300、NFE2L2 三个基因高突变频率是中国食管鳞癌的主要基因谱特点。这一理念的提出和基因谱特点的发现，为中国食管癌的健康筛查和建立中国特点的食管癌治疗方案提供了重要的理论基础。研究团队在这一理念下，建立了中国人特点的食管鳞癌放射抵抗细胞株，并发现多条放射抵抗信号新通，创新了放射治疗理念。中国食管鳞癌基因谱特点，得到了国际专家认可。

《Nature》杂志上的美国癌症基因图谱（TCGA）项目、詹启敏院士数据均证实了这一观点。最近发表在《J Clin Oncol》上的食管癌免疫治疗全球临床试验 Keynote181 也证明，中国食管鳞癌的 PD-1 抑制剂的疗效与欧美白人之间存在明显不同。《Lancet Oncol》引用该项目组的数据，阐述了不同人种之间的食管癌基因突变谱特点会导致 PD-1 抑制剂的疗效差异，重申不同人种之间的针对性治疗的重要性。

# 创立更精准的根治性放化疗方案

放疗期间由于器官的运动,导致靶区外放过大而副反应严重,或食管肿瘤的漏照而影响疗效。项目研究团队利用四维断层扫描(4D‐CT)技术,首次发现食管肿瘤的运动规律,并测定了运动范围。项目组研究发现,食管癌运动的动力来源是呼吸和心脏搏动,并测定了肿瘤边缘的运动参数,确定了最佳肿瘤定位参数。

美国 Moffitt 癌症中心的 Ken Meredith 教授在 2012 年全美放射肿瘤学年会(ASTRO)的食管癌放疗靶区勾画的教学课程上定义为"赵氏运动"(Zhao motion),是食管癌靶区勾画的标准运动靶区(ITV)范围,被美国放疗教科书规定为现代放疗技术的标准外放参数(ITV 参数)。

在测定的食管运动规律基础上,项目组首次前瞻性设计了食管癌"累及野"照射技术并验证了它的疗效。"累及野"放疗技术的特点是,突破了传统的无差别的淋巴结预防性照射的理念,使照射范围更加精确,正常的淋巴结作为一个免疫器官得到了保护。

经过大样本的随机对照等研究发现,局部晚期食管癌的"累及野"放疗为基础的综合治疗获得了历史最好的 41% 的 5 年生存率,疗效明显好于国际标准 RTOG 方案的 25% 的 5 年生存率。法国著名放疗专家 Antoine Adenis 教授在《J Clin Oncol》上撰文,该放疗技术应该成为新的食管癌同期放化疗标准。NCCN 指南的食管鳞癌章节主席 Jaffer A. Ajani 也在《J Clin Oncol》上进行专门评述,认为该研究方案应该在 NCCN 推荐级别中提前。

项目组的食管癌累及野报道后,国内外对食管癌累及野的可行性进行广泛探讨。于金明院士用两篇综述强调，"累及野"技术副反应低，临床可行。《中华医学会食管鳞癌专业委员会专家共识》和《中国食管鳞癌放射治疗指南》都把累及野照射确定为食管癌标准放疗方案之一。

另悉，该项目是国内 4 家单位历时近 30 年合作成果，在《J CLin Oncol》和《Nat Biotech》等杂志上共发表论文 200 余篇，引用次数 5021 次。多项技术被认定为食管癌治疗标准方案，多篇论文被美国国家综合癌症网（NCCN）等指南引用。该项目建立的"累及野"等放疗技术已经成为了中国食管癌标准放疗技术之一，在临床实践中作为常规方法在使用。

# 利用纳米载药系统，实现克服肿瘤耐药的创新突破

黄海华

　　恶性肿瘤是严重危害我国人民生命健康的重大疾病。作为肿瘤临床治疗主要手段之一的化疗，不仅容易导致患者骨髓抑制、胃肠道反应及脱发等毒副作用，使患者饱受折磨，而且肿瘤细胞与化疗药物屡次"交手"后，对化疗药物的敏感性逐渐下降，也就是医生常说的产生了耐药性，导致疗效下降，甚至无效。这种耐药性导致90％以上的肿瘤转移患者死亡。

　　中国科学院上海药物研究所李亚平研究员领导的团队长期致力于克服肿瘤化疗耐药的研究，经过10余年坚持不懈的努力，设计合成了多种肿瘤微环境响应性纳米材料，构建了一系列新型纳米载药系统，系统研究并揭示了其克服肿瘤化疗耐药的作用机理，实现了克服肿瘤化疗耐药的创新突破。由李亚平、于海军、尹琦、张志文、张鹏程等人完成的这一研究成果荣获2020年度国家自然科学二等奖。

# 肿瘤细胞如何在与化疗药物搏斗中"起死回生"

肿瘤细胞异常狡猾,在受到化疗药物的攻击后,它们会迅速升级自己的防御系统,从而在与化疗药物的搏斗中"起死回生""东山再起"。

肿瘤细胞的策略,首先是"修缮城墙、肃清异己"。产生耐药性的肿瘤细胞会阻止药物摄入,同时在膜表面增加可将化疗药物驱逐出细胞的膜转运蛋白(主要是 P-糖蛋白等)数量,致使药物在细胞内的总量减少,导致药物兵力不足,难成大器。

其次,是"亡羊补牢、见招拆招"。肿瘤细胞在化疗药物的攻击下,不断调整自己的战略战术,例如,增强细胞解毒系统活性,阻断细胞凋亡途径等,使得化疗药物有心杀贼,却无力回天。肿瘤细胞的这种应变能力,使本就顽固的肿瘤细胞变得更加难以对付,导致化疗药物难以及时到达作战位置,在抗肿瘤的攻坚战中败下阵来。

## "三管齐下",几乎能完全抑制耐药肿瘤的生长

由于耐药性是临床上肿瘤化疗失败的主要原因,克服耐药性无疑是改善化疗效果的一个重大挑战。

李亚平研究团队以克服肿瘤化疗耐药性为目标,经过十多年不懈努力,在设计、构建新型纳米载药系统,以及揭示其克服肿瘤化疗耐药性的作用机理方面开展了系统研究,取得了一系列重要发现和原创性成果。

这些成果在克服肿瘤化疗耐药方面有着诸多亮点:

精准递送,突破屏障。化疗药物被注射进入体内后,由于缺乏靶向性,并不知道敌人主要在哪里,容易"滥杀无辜"。纳米载体如同一辆运兵车,能将化疗药物运送到作战地点——耐药肿瘤细胞内。为了将更多的化疗药物递送至耐药肿瘤及其深部,该团队设计构建了多种具有独特性能的纳米载体。例如,用肿瘤细胞膜包覆载有化疗药物紫杉醇的纳米粒,这种穿上"敌人外衣"的仿生纳米载体,可轻易深入耐药肿瘤大本营和转移灶,发挥强大的抗肿瘤功效;装有光敏剂和阿霉素的纳米胶束,不仅延长了化疗药的"作战时间",还可将近红外光转化为肿瘤局部热效应,使作为耐药肿瘤防御工事的基质被消融破坏,为化疗药物攻入耐药肿瘤深部扫清障碍,将更多的化疗药物送入耐药肿瘤组织的深部,进而杀死耐药肿瘤细胞。

协同作战,重拳出击。知其然还需知其所以然,为了揭示纳米载药系统克服肿瘤化疗耐药的作用机理,该团队开展了一系列深入研究。例如,通过构建可控释药的纳米载体,发现药物在耐药肿瘤细胞内的释药速度越快时(尤其是爆破释放时),胞内药物浓度急剧上升,更易突破细胞耐药浓度阈值,进而杀死肿瘤细胞;通过合成还原敏感型阳离子聚合物,同时包载干扰细胞凋亡信号通路的 RNA 和干扰 P-糖蛋白表达的 RNA,发现二者有显著的协同增效作用,对耐药肿瘤细胞的杀伤效果提高 760 倍,为克服肿瘤化疗的耐药性提供了新思路。

时序释药,多管齐下。阿霉素和伊立替康是临床上广泛使用的一线化疗药,但随着化疗的持续进行,疗效会逐渐下降,甚至变得无效,极大地限制了其临床上的使用。李亚平团队创造性地构建了一种按照时间顺序来释放药物的纳米载药系统,保证了足够数量的药物以最优比例被输送至肿瘤组织,并先释放抑制 P-糖蛋白功能和恢复耐药细胞凋亡信号通路的药物,提前为化疗药物发挥作用创造有利条件,随后化疗药物阿霉素在耐药细胞内微酸环境的作用下发生爆破释药,导致胞内药物浓度急剧上升,给予耐药肿瘤细胞致命一击,这种"三管齐下"的作用几乎能完全抑制耐药肿瘤的生长,为抗肿瘤化疗耐药提供了新技术。

## 一个纳米制剂已获批进入临床试验

李亚平团队率先阐明了纳米载药系统的物理药学因素影响耐药肿瘤中的化疗药物转运规律;系统研究并揭示了纳米载药系统克服肿瘤化疗耐药的作用机理;提出了"精准递送+智能释药一体化"克服肿瘤化疗耐药新策略,实现了协同克服肿瘤化疗耐药的创新突破。目前,该团队开发的有望克服肿瘤化疗耐药性的 3 个纳米制剂已进入临床前研究,1 个纳米制剂已进入临床试验。

团队发表相关成果论文 86 篇,其中 8 篇代表性论文发表在《先进材料》《美国化学学会—纳米》等国际权威期刊上，总他引 1378 次，4 篇入选基本科学指标数据库（ESI）高被引论文。

在该项目实施过程中，该团队入选了 2015 年国家基金委创新研究群体和 2016 年科技部重点领域创新团队，并获中国药学会科学技术奖一等奖等多项奖励。该项目成果丰富了科学界对纳米药物克服肿瘤化疗耐药性的认识，提高了我国在相关研究领域的国际学术地位，推动了药物递送领域的发展。

尽管克服肿瘤化疗耐药性目前还有诸多问题，但是随着生命科学、材料科学的发展，越来越多的药物精准递送系统被开发出来。"我们相信，在不久的将来，智能纳米载药系统将成为打赢抗肿瘤化疗耐药攻坚战的有力武器，为广大癌症患者带来福音。"李亚平说。

（张冀飞　制图）

# 糖耐量试验有面条餐，瑞金医院团队8年创12项发明

黄杨子

若你对"代谢性疾病"一词稍感陌生，那么糖尿病、高血压和心脑血管病等众多慢性疾病，一定早已走近，甚至走进你的生活——以糖尿病为例，最新流调结果显示，我国18岁及以上成人中，糖尿病患病率为11.6%，约为1.14亿人；糖尿病前期（IGT）患病率为50.1%，约占一半的成年人人群。以糖尿病为代表的代谢性疾病，已经上升为我国重大的公共卫生问题。

代谢性疾病为何危害大？从本质上来看，它将让人体内蛋白质、脂肪、碳水化合物等物质发生代谢紊乱，进而引发冠心病、脑卒中甚至某些癌症，包括与性激素有关的乳腺癌、子宫内膜癌、前列腺癌，以及消化系统的胰腺癌、肝胆癌、结肠癌等多种疾病，给个人和社会带来极大的经济负担和健康危害。

与"患病人数多、病程长、致死致残率高"相对应的，是大众知晓率、病程控制率的低下。目前，知道自己患病的糖尿病人数比例仅为30.1%；在所有糖尿病患者中，只有25.8%的人接受了降糖治疗，而其中仅有39.7%的人血糖得到了适当的控制。

　　"代谢性疾病的临床诊治,亟须借助新技术发明来提高!"上海交通大学医学院附属瑞金医院内分泌科王卫庆、宁光团队历时 8 年,围绕"代谢性疾病诊治关键技术开发与应用",系统性取得 12 项技术发明,在改善代谢病患者预后和提高生存质量的同时,成功打造临检技术、药物研发、临床试验及应用的产学研链,取得显著的社会和经济效益。该项目荣获 2019 年度上海市科学技术奖技术发明一等奖。

## "面条标准餐"让糖耐量试验不再难忍

　　目前,国内用于糖尿病的诊断和分型中常常用到两个试验:口服葡萄糖耐量试验(OGTT)和胰岛素 C 肽释放试验。以往试验要求一次性口服大量葡萄糖,随后定点抽血检测,但很多人容易出现胃肠道反应而无法耐受。

　　在国外,往往用诊断标准餐(混合餐耐受试验)代替葡萄糖来进行。在我国应用较为广泛的诊断标准餐是 1982 年由陈家伦教授提出的馒头餐:由二两面粉做成的馒头,所含的碳水化合物与 75 克无水葡萄糖相当。

　　但是,馒头餐本身也有一定的局限性:馒头餐试验的血糖和胰岛素水平明显低于 OGTT,在某些情况下可能无法真实反映病情;其次,馒头使用的原料、重量、烹饪方法和时间难以统一,贮藏也较为困难，从而造成临床上使用的馒头无法统一标准，而实验结果也显示馒头的 GI（血糖指数）误差较大，对血糖和胰岛素 C 肽的水平产生的影响可能不稳定。另外，一些老年患者容易出现入睡、咀嚼吞咽困难，不能按时（5 至 10 分钟内）全部吃完馒头。

能不能用其他食物来解决问题？"我们需要一种能够保证精确的碳水化合物摄入量，提高病人的接收度和依从度，并解决老年病人由于咀嚼能力下降所带来的依从性问题的标准餐。"王卫庆说，大家将目光投向了面条。

为此，瑞金医院与中粮集团有限公司及中粮五谷道场食品有限公司合作研发面条标准餐，每 100 克中，含有 300 至 400 千卡的能量、70 至 80 克的碳水化合物，小于 10 克的蛋白以及 0 至 2 克的脂肪，碳水化合物为淀粉。"面条可以为鲜面、半干面、挂面、非油炸方便面等，还包括调味料、佐料、蔬菜等。"据悉，团队同时对面条的制备方法制定标准化方案，如原辅料预处理、调粉（和面）、熟化、压延、切条、切断、蒸面、冷却、浸渍面条、计量包装等过程。"如和面时间一般控制在 15 至 20 分钟，冬季宜长，夏季较短；挂面熟化时间一般为 10 至 15 分钟；初压面片厚度通常不低于 4 至 5 毫米；蒸面时间控制在 3 至 5 分钟，温度为 95 至 98℃。"这些数据听起来仿佛是"菜谱"研究，却与患者的健康息息相关。

这一面条标准餐，让糖耐量试验更便于食用、接受度高，不会加重患者胰岛细胞负担，产品也便于工业化生产，有助于提高糖尿病患者临床评估和随访的一致性。目前，主要申报单位已成功将技术转让给中粮五谷道场食品有限公司，用于商业开发。基于中国庞大的糖尿病人群，该研究将具有极大的市场规模。

# "橙色小屋"让糖尿病诊疗实现全国标准化

"庞大的代谢性疾病患者,其实分布在各地各级医疗机构。长期以来,各级医疗机构缺乏统一的疾病评判、疗效评估、随访就诊等临床诊治流程和体系,造成个体间治疗效果参差不齐。"

为了解决这一问题,中国工程院院士宁光牵头发起"国家标准化代谢性疾病管理中心"(MMC)建设,旨在建设并推广的一种全新的疾病管理模式并覆盖全国。"借助代谢性疾病全国一体化和标准化的管理体系网络,以及在医疗机构中建设的代谢病管理中心,在全国实行统一的标志性外观、基础设备、网络设施、诊治流程和管理制度,真正把慢病患者的健康管理起来。"

走进橙色基调的 MMC 中心,先进的诊疗技术与物联网管理相结合,一站式诊疗服务不再是空谈。同时,MMC 中心开发"瑞宁助糖",通过人工智能革新糖尿病的诊断及治疗模式,为全科医生提供辅助诊疗方案,全面提升标准化诊疗水平。在"瑞宁助糖"的研发过程中,国内外最前沿的糖尿病用药策略、专家经验及 AI 数据模型都被植入人工智能机器的"大脑"。深度学习后,它可最大程度还原专家在治疗糖尿病时的用药思路,根据患者不同身体代谢状况,给出多项综合建议,辅助基层临床医生做出更科学的决策。

"在各地 MMC 中心,患者将得到与在上海相同的治疗。"宁光说,在任意一个 MMC 中心就诊的患者,前往全国其他 MMC 中心,所有检查指标都被互相认可,不需要重复检查。"一个中心、一站服务、一个标准"的核心理念,让该模式已在全国千百家医院复制,有望构成代谢病患者管理的常态模式。

　　同时，团队还开发"MMC 医家""MMC 管家""糖尿病风险评估"等多种应用软件，研发多种眼底人工智能自动报告系统、可穿戴设备、数据影像云管理等智慧医疗技术，极大提高了代谢性疾病的管控效率和质量。

　　除此之外，本项目中，团队首次在中国青少年肥胖人群中建立肠道共生菌—代谢物—肥胖表型关联，并由此分离有自主知识产权的 10 株阿克曼氏菌株用于减重降糖，属国际领先水平；发明肠道宏基因组筛选技术，首次在国际上发现 B 和 P 型肠型菌群特征可作为糖尿病药物阿卡波糖的疗效筛查标志；发明雷公藤红素联合小檗碱两种单体联合制备技术，在降低药物使用剂量和副作用的同时，发现更能显著降低体重、降低胰岛素抵抗、改善脂质代谢，为代谢性疾病的中医药治疗提供了创新性方向。

# 市一医院"剥橘"技术解决
# 中老年男性病痛

**黄杨子**

前列腺,可谓是一个多事之"丘"——易发生炎症、增生、肿瘤等多种疾病,但是许多市民对其治疗仍停留在"老皇历"、旧技术,谈术色变,存在不少认识误区。其中,良性前列腺增生症(BPH),是严重影响中老年男性健康的最常见疾病之一。至2020年,我国有约600万BPH患者需手术治疗,若未及时进行外科干预,会导致尿潴留、膀胱结石、前列腺反复出血等,甚至引起肾积水、尿毒症等严重并发症,危及生命。

然而,中老年男性经常合并心脑血管等基础性疾病,需要更高效、安全的外科治疗方法。传统"金标准"——经尿道前列腺电切术(TURP)存在很多问题,如组织残留多,容易复发;切除效率低,大前列腺无法手术;止血效果差,导致出血及严重的TUR综合征;热损伤深,导致尿失禁和勃起功能障碍高发;术后反复血尿,或顽固性尿路刺激症状等并发症多。

正因为TURP面临巨大挑战,如何精准切除病灶、改善患者预后,成为学界长期以来为之奋斗的目标。为此,上海市第一人民医院泌尿外科临床医学中心学科带头人夏术阶教授团队15年磨一剑,针对TURP的5大问题,进行创新性研究,系统建立了BPH精准外科干预体系。"前列腺创面修复新理论与精准外科干预体系"项目此次荣获2020年国家科学技术进步奖二等奖。

## 用100斤橘子练手的外科专家

"前列腺是一个很特别的器官,它有4个'接口'、2个'开关'。如同一个大橘子和一个小橘子,用筷子串起来,上面的大橘子相当于膀胱,下面的小橘子就似前列腺,筷子如尿道。正常前列腺的体积仅栗子大小,却集中这么多'接口'和'开关',所以很容易出问题。"夏术阶生动地解释。

早在20世纪90年代,夏术阶就提出"前列腺阶段性增长"理论,认为前列腺的发育与体内雄激素上升、平衡、下降有密切关系。他把年轻人的前列腺结构比作鸡蛋,"蛋黄"将尿道包裹在中间,随着年龄增长,"蛋黄"逐渐变大,向内压迫尿道、向外压迫使"蛋白"部分变薄。前列腺癌多发生在"蛋白"部分,而前列腺增生则一般发生在"蛋黄"部分,当"蛋黄"增生到一定体积、压迫尿道时,就会出现排尿困难,严重时会导致尿毒症,有性命之忧。

"袁隆平解决了中国人的粮食问题,我想解决中国人的排尿问题。"这不是一句假大空的话,而是夏术阶深耕于泌尿外科领域30余年,为万千患者许下的诺言。创新源于在临床看见患者的病痛,他创新性发明铥激光剥橘式前列腺切除术,用热损伤深度仅 0.2 毫米的激光刀模拟外科医生的手指,把增生的前列腺组织经尿道,像剥橘子般紧贴前列腺外科包膜剥下,同时切成橘子瓣样经尿道取出。

为了练手,夏术阶买了不下 100 斤橘子,堆在科室和家中。"把橘子皮切开,一刀沿着 6 点向 12 点方向切开,再横着切,让铥激光全部在增生的组织中穿行,让能量得到充分利用。"就这样,他将电切前列腺组织速度由原本的"金标准"——0.5 克至 0.8 克/分,刷新为铥激光的 2 克至 3 克/分,大大提高了手术安全性和有效性,得到了国际学术界的高度评价。同时,他还打破了国内外指南"80 克以上不建议微创手术"的限制,解决了巨大前列腺不能做微创手术的难题,曾为前列腺重量达 320 克的 88 岁老人实施微创手术治疗,效果出色。

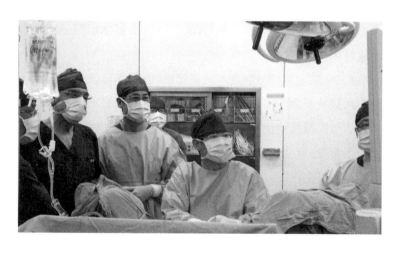

2010 年,铥激光剥橘式前列腺切除术被写入前列腺治疗指南和

激光指南,同时写入国际公认的泌尿外科最权威的经典著作《坎贝尔—沃尔什泌尿外科学》,这本殿堂级著作里,增加了一个中国医生的名字。

## 打造属于中国的术式、器械和理念

有了中国人自己的技术,如何让更多患者受益?团队成员、泌尿外科临床医学中心副主任韩邦旻介绍,项目组近年来针对术后复发、功能保留、并发症减少等重点、难点,进行了一系列从临床到理论的钻研。

首先,团队建立了微创前列腺解剖性剜除关键技术。将开放前列腺剜除手术与微创剜除手术相结合,创新建立经尿道前列腺解剖性剜除手术,解决了开放手术创伤大和 TURP 组织残留多、易复发的问题,用内镜在外科包膜解剖层面精准剥离,彻底剜除增生组织,复发率由 6％至 18％显著降为 0.5％至 1％。同时,团队创新研发新型手术刨削器,将整体剜除的组织推入膀胱,并粉碎后经尿道取出,组织粉碎速度提升近 2 倍,手术时间下降 32％,让高龄高危患者也获得了安全手术的机会。

第二,团队建立了微创铥激光功能保留关键技术。项目组首次将铥激光用于 BPH 外科治疗,剥橘式前列腺切除术可精准止血,输血率由 2.0％至 11.0％降为 0％至 1.3％,减少血管开放,避免冲洗液过量吸收导致 TUR 综合征,死亡率由 1.6％大幅降低,项目组未有死亡病例。此外,TURP 热损伤深度为 5 毫米,而前列腺外科包膜厚度为 2 毫米,铥激光热损伤仅为 0.2 毫米,彻底避免了 TURP 术中因热损伤深度深,使勃起神经与尿道括约肌损伤,导致术后出现勃起功能障碍及尿失禁的问题。据统计,术后尿失禁发生率由 TURP 的 16％降至 1.5％,术后勃起功能减退发生率较 TURP 降低 45.2％。

第三,团队创新研发掺铒光纤激光治疗机。依托国家科技部"十二五"支撑计划项目,将进口设备波长 2 微米优化为 1.94 微米,精准切割、止血确切,同时大幅降低成本,价格仅为进口设备的 50％,已在全国 194 家医院投入使用,促进适宜技术推广。

基于以上创新,团队还提出了 BPH 术后创面修复新理论。使并发症显著减少,验证了基于保护外科包膜的临床设计和操作,以及调控创面微环境的临床实践具有重要性和科学性。

据悉,术后创面和热损伤导致患者术后出现并发症,如顽固性尿路刺激症状(55％)、反复血尿(33％)及尿路感染(26％)。团队发现,预防术后并发症的关键是认识创面修复的机制和影响因素。研究通过电子显微镜及免疫荧光发现,创面中的上皮干细胞转化、分化为尿路上皮细胞,参与创面修复,而非传统认为的"膀胱上皮细胞迁移覆盖手术创面"。同时,对创面微环境的研究发现,尿素导致创面微环境中细胞因子表达谱改变,非那雄胺可减少创面微环境中的双氢睾酮,均可促进创面上皮转分化,促进创面修复。临床研究证实,术后早拔导尿管总并发症发生率由 20％降为 6％;术后服用非那雄胺 1 个月,并发症发生率由 16％降为 7％。

## 让技术走向基层、走遍全球

不仅在上海为患者解除病痛,夏术阶团队的足迹几乎遍布全国。西藏、新疆、港澳台地区……连续 15 年的推广应用,学术会议传播受众医生达 3 万余人。近年来,市一医院与贵州省遵义市携手合作,建

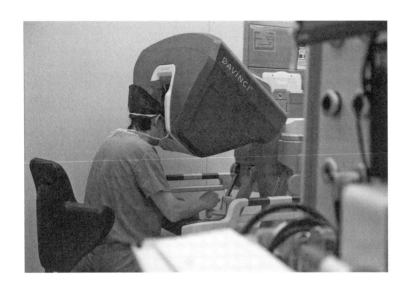

立了泌尿外科临床医学中心和贵州省博士后流动站,以新技术惠及边远地区和革命老区,依托国家科技部项目完成进口设备国产化,极大地推进了医疗下沉和服务百姓的工作。

团队成员、前列腺尿控科副主任(北)荆翌峰介绍,通过多年研究,创新技术使输血率、术后远期复发率、尿失禁并发症、勃起功能减退发生率等均有显著下降,项目组至今未有死亡病例,显著提高了我国 BPH 手术疗效和诊疗水平,提升了国民健康水平。"除了让自主研发的设备和适宜技术走向全国,让更多医疗机构的医师掌握这门技术,才能真正扩大受益患者的范围。"

近年来,团队致力于培养专科医师,建立了亚洲泌尿外科协会前列腺剜除术培训中心,多次主办前列腺剜除术及铥激光前列腺手术学习班,结合扶贫援建项目,共培养专科医师 2169 名,并多次在国际泌尿外科年会进行手术演示和大会发言。迄今为止,项目组共完成手术 8275 例,推广至国内外 688 家医疗机构,治疗病例数逾 61700 人;在全球范围内,也已推广至美国、德国、法国等 20 余个国家和地区。2012 年 9 月 6 日,项目组带着先进技术和设备到达拉萨,完成了国内省会城市的全覆盖推广。夏术阶透露,未来,团队还将利用 5G 技术等实现在县市级医疗机构的关口前移和资源下沉,同时将科普也作为日常重点工作之一。"我们走得远一些、辛苦一些没关系,能让患者来得早一些、预后好一些才是最重要的大事。"

# 九院颞下颌关节创新诊疗
## 解决"颜值"问题

**黄杨子**

颞下颌关节,是颅颌面唯一的可动关节,主导下颌骨运动,参与语言、咀嚼、呼吸及表情等重要功能。颞下颌关节一旦发生疾病,不仅会影响患者的上述功能,还可继发牙颌面畸形。日常生活中,有些人张大嘴时,下巴就会咔咔作响,大概率就是颞下颌关节最常见的疾病——关节盘移位。

学界早已发现,颌面发育畸形与颞下颌关节盘移位密切相关,但是,单纯的牙齿正畸治疗不能解决所有问题,同时,即便在正畸治疗后,不少患者仍会复发。为此,上海交通大学口腔医学院副院长、国家口腔疾病临床医学研究中心常务副主任、上海交通大学医学院附属第九人民医院口腔外科杨驰教授带领团队历经30余年攻关,针对关节病及其继发牙颌面畸形的诊治这一世界性难题,提出了"关节—颌骨—咬合联合诊治模式",创新了关键技术,推广并应用相关创新产品体系。"颞下颌关节外科技术创新与推广应用"项目此次荣获2020年国家科学技术进步奖二等奖。

# "龅牙"病因或许并不在牙齿

在杨驰的门诊，不乏有年轻的青春期患者：下巴后缩、偏斜、龅牙等问题，常常困扰着他们。五官比例协调、面形端正，是大众对于美最直观的要求，而颌骨、牙齿是否发育协调，直接决定着"颜值"高低。

从解剖角度来看，颞下颌关节、颌骨和牙齿咬合是一个整体平衡系统，三者相互影响，严重的关节疾病有可能引起颌骨畸形和咬合错乱，出现下巴歪斜、后缩等不美观的面形。

杨驰解释，颞下颌关节盘移位与颌面畸形关系密切。美国公开数据显示，进行牙齿正畸治疗的人群中，有80％下颌后缩的患者存在颞下颌关节盘移位这一疾病；同时，关节门诊数据显示，青少年关节盘移位患者中，82％伴有下颌偏斜或后缩等颌骨畸形，这些患者中较为严重者还存在打鼾甚至睡眠呼吸暂停等问题。因此，杨驰阐述，在治疗中，不能仅考虑关节疾病，还要统筹患者是否有颌骨畸形和咬合错乱；同时，对于牙齿正畸的患者，也要常规筛查关节疾病。

颞下颌关节盘移位的病因较为复杂，迄今国内外无统一观点。早在1966年，荷兰学者发表了第一篇关于髁突吸收的论文，提出了特发性（即不明原因）髁突吸收的问题。杨驰表示，颞下颌关节盘移位可能是造成髁突吸收最主要的局部因素。关节盘移位后，髁突表面应力增加，"打个比方，颞下颌关节盘就像鞋底，起到缓冲的作用。关节盘一旦移位了，就如同光脚踩在石子地上，时间长了会导致髁突骨吸收。对于生长发育期患者，病情将进展得更快，其危害亦更大。如果单侧关节盘移位，健侧髁突正常生长，患侧髁突生长受到限制甚

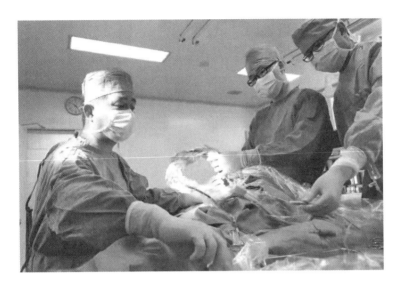

至吸收,下颌就会出现偏斜;如果双侧发病,下颌骨的正常生长将受到显著影响并逐渐出现后缩,上颌骨相对前凸。"杨驰说,这种情况让不少人认为是"龅牙"问题,但事实并非如此。在青少年中,出现下颌偏斜、后缩、咬合紊乱等颌骨发育障碍者并不少见,而三至四成的患者感觉不到疼痛,不知不觉中骨头吸收,继发牙颌面畸形。

那么,颞下颌关节盘移位有哪些症状呢?杨驰说,多种原因可导致关节盘移位,如咀嚼习惯(爱食用硬物、嘴巴张得大、单侧咀嚼)等就可能导致颞下颌关节韧带受损,控制不了下颌运动,出现张口受限、疼痛、关节杂音等症状。同时,关节盘移位分为可复性和不可复性,一般有关节弹响声音者,属于可复性;随着弹响声音越来越闷直至逐渐消失,进一步发展为关节卡住的情况时,就提示关节盘移位已经向不可复性发展了。

# 三位一体综合疗法让患者少奔波少复发

长期以来,针对关节—颌骨—咬合这一系统疾病,大多由关节专科、正颌外科、口腔正畸科分而治之,这种治疗现状不仅让患者来回奔波,还存在较高的复发率。国际相关研究发现,正颌患者伴有关节盘移位者,不治疗关节的正颌复发率达29%,而没有关节盘移位的复发率只有1%。

为解决这一难题,杨驰团队构建并实践了颞下颌关节—颌骨—咬合联合诊治模式。他认为,导致偏颌、缩颌等颌骨畸形及深覆合、深覆盖等咬合紊乱问题的原因,从根本上而言是由关节盘移位所致的髁突骨吸收引起的。而通过关节镜、开放手术将关节盘复位至正确位置,能够缓解髁突表面压力,促进髁突再生与改建。这种改建对牙颌面的贡献是:在单侧关节盘移位患者中,随着患侧髁突高度增加,面部及咬合偏斜将得以改善;在双侧关节盘移位患者中,下颌后缩将随下颌骨的前徙得以纠正。这类面型和颌骨畸形的纠正或改善仿佛做了正颌手术。通过恢复正确的关节盘—髁关系,获得一个无临床症状且健康生长的关节,这就从根本上消除了病因,解决了由关节盘移位引发的颌骨—咬合畸形。再配合后续正畸或正颌治疗,从而达到关节—颌骨—咬合三位一体的平衡。

通过比较进行了关节盘复位手术与未进行手术干预的两组患者,数据显示,在10个月的观察期中,67%没有任何手术干预的患者髁突高度会下降1毫米以上,关节骨位置形态改变,使复位手术难度增加;而经过关节盘复位手术的患者中,80%有新骨形成,这一比例在青少年患者中更高。杨驰强调,每个案例都经过核磁共振检查作为诊断标准,且均进行了长期随访观察,评价方法更科学客观。

关节盘移位究竟何时需要进行手术治疗?国际共识认为,针对关节盘移位患者,应先使用非手术疗法,如咬合垫治疗、理疗、药物放松肌肉等,治疗6个月无效后再使用手术治疗。但杨驰认为,青少年患者由于生长发育迅速,非手术治疗或单纯观察往往会引起较大程度的髁突骨吸收,应尽早进行关节盘手术复位,为髁突新骨的形成创造良好条件,进一步改善面形。而成人骨吸收量不多,但骨关节炎发病率高,此时治疗目标应主要是控制骨关节炎。对于稳定、无临床症状的关节盘移位成人患者,则无需进行盘复位手术,但在正畸、正颌治疗时,应采用不会增加关节压力的方法,否则有可能诱发髁突吸收。据悉,微创手术只需要15至30分钟,短期复位率达到99%,远期复位率达到95.3%,疗效稳定。

九院口腔外科作为全国最大的颞下颌关节治疗中心,年诊治患者逾万名。从 2009 年开始,杨驰便建立了自己的专职正畸医师团队,全面个性化的方案帮助患者完成关节—颌骨—咬合的综合序列治疗。基于中重度关节病可致牙颌面畸形的事实,杨驰团队提出联合诊治模式,系统规划手术和正颌治疗,将关节与正颌或颌骨重建手术同期完成,既缩减了手术次数,又最终实现三者形态和功能的协调平衡。

理念创新了,技术也要创新。据介绍,在关节镜下对关节盘进行松解、复位、缝合固定等步骤时,所用的缝合器械和特制缝合线都由杨驰自主研发。对有保存价值的移位关节盘,他根据复位的难易程度,分别开发了关节镜盘复位缝合技术和开放性锚固技术,并进行关节镜专用器械和开放手术锚固钉的创新设计和改进。经国内 36 家、国际 20 家医院 1.6 万余例病例的验证,成功率达 95% 以上。其中,关节镜盘复位缝合术被国际知名专家誉为"独一无二享誉全球的 21世纪里程碑式技术"。

当关节病变波及颅底时,手术难度大、风险高,是国际公认的"手术禁区"。为此,杨驰团队还创建了关节—颅底联合重建体系,取得关键技术突破,将"不能修复"变为"能修复",解决了复杂病例不能同期重建关节的国际难题。

据悉,杨驰团队还创建了颞下颌关节外科数字化诊疗平台,创新设计多种数字化手术导板辅助手术,可有效降低手术风险、提高精确性和稳定性、减少手术用时。其中,国际首创的人工关节骨修整导板组件被誉为"人工关节历史上重大技术创新"。该项目成果已在国内外广泛推广,进一步确立了我国颞下颌关节外科的国际引领地位。

# 自闭症、胃肠疾病等患者的福音：
## 肠菌移植术取得疗效

**俞陶然**

肠道菌群生态是人体内最重要的微生态系统，被称为"人类第二基因组"。随着科学和临床研究的深入，肠道微生态已成为胃肠功能障碍性疾病和慢性病防治的宝库。在这个领域，同济大学附属第十人民医院开展了多年基础研究和临床探索，该院牵头完成的"肠道菌群疾病分类模型创建及菌群移植治疗的临床应用"项目，获得2020年度上海市科技进步奖一等奖。

肠道菌群移植的科学原理是什么？哪些病人适合接受这种手术？同济十院的科研和成果转化进展如何？解放日报·上观新闻记者采访了多位医学专家。

### 近80%慢性病与肠道菌群有关

同济十院肠道微生态治疗中心负责人陈启仪博士介绍，人体肠道内有约 1600 种菌群，与生命健康息息相关。它们可分为益生菌、条件致病菌、致病菌三类。其中，条件致病菌在抗生素等因素引发体内环境异常后，就会"黑化"成致病菌。

致病菌和条件致病菌会引发胃肠功能障碍性疾病，包括腹胀、便秘等功能性疾病，肠炎、细菌性腹泻等感染性疾病，溃疡性结肠炎、克罗恩病等免疫性疾病。

近年来的科学研究发现，肠道菌群还与近 80％的慢性病有关。科学家发现了"肠—脑轴"，即肠道和人脑密切相关、相互作用。陈启仪解释说，由于人体内 95％的五羟色胺、50％的多巴胺在肠道里，肠道微生态如果紊乱，就可能导致神经递质释放异常，引发神经系统疾病，包括帕金森病、阿尔茨海默病、自闭症、焦虑症、抑郁症、渐冻症等。

肠道菌群也与内分泌系统、免疫系统、肺部等密切相关。改善肠道微生态，有望治疗糖尿病、肥胖症等代谢疾病，红斑狼疮、类风湿关节炎等免疫疾病，以及老慢支、肺气肿等肺部疾病。肿瘤治疗方面，改善肠道微生态有望提升 PD－1（程序性死亡受体 1）等免疫治疗的敏感性，已在肺癌、黑色素瘤等肿瘤的免疫治疗中取得临床效果。

## 严格筛选肠道菌群供体和受体

如何改善肠道微生态？服用益生菌和益生元是一种途径，但只对一些轻度胃肠功能障碍性疾病有效。国际上的临床研究显示，要治疗一些中重度胃肠功能障碍性疾病和非肠道疾病，可采用肠道菌群移植术，以全面改善肠道微生态环境。

近年来，同济十院用这种技术治疗病例 6000 余例，移植 73000 多次，长期随访有效率达 67％。

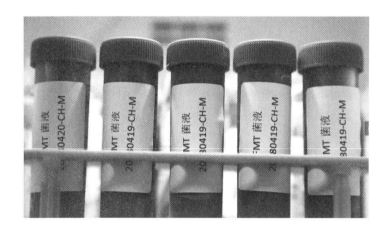

陈启仪介绍，移植到病人体内的肠道菌群，都来自健康者供体。这些供体需要严格筛选，他们都是 18—30 岁的年轻人，通过了全面的生理、心理、个人史等方面检测。

这是一种"有味道"的治疗技术，健康者供体的粪便经过智能化系统的分离处理后，接受严格的质控检测，被开发成一支支菌液和一粒粒活菌冻干粉胶囊。菌液通过鼻肠管注入病人肠道，病人也可服用活菌冻干粉胶囊。

作为一种比较新的治疗技术，肠道菌群移植术可不能"包治百病"，患者受体需经过严格筛选。传统技术治疗无效的胃肠功能障碍性疾病患者，以及伴有胃肠道功能障碍的慢性病患者，可考虑接受这种新的治疗技术。约90％的自闭症、帕金森病患者都有胃肠道功能障碍，肠道菌群移植术有望取得较好的临床效果。

## 肠道菌群移植术专利实现转化

今年2月，同济十院院长秦环龙教授和李宁教授团队研发的"肠道菌群移植术 25 项系列专利"与上海医药集团合作并实现成果转化。这些专利技术将对肠道菌群移植术的临床标准化、疗效提升、临床应用与推广，以及产业化发展产生深远影响。

据介绍，随着肠道菌群检测培养技术的不断进步，如何通过改善肠道微生态环境来治疗疾病成为新的临床研究热点，但当前国内的肠道菌群移植术缺少标准化、科学化技术体系和设备，总体上处于乱象丛生状态，严重阻碍了这种临床技术的发展。在此背景下，同济十院肠道微生态诊疗团队历经 8 年的临床经验总结和潜心研究，围绕肠道菌群移植术理论体系创新发明，获得厌氧粪便采集系统、粪便前期分离处理系统、标准化菌液制备系统、个体化菌液改良制备技术、菌液保存方法新技术、新型鼻肠管导管、恒温和厌氧自动化菌液输注技术、粪菌胶囊制备技术、个体化胶囊制备技术、功能菌筛选与制备技术等 25 项国家发明专利。

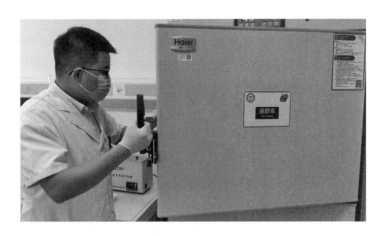

利用厌氧收集粪便、厌氧与菌液悬浮分离处理等技术，肠道微生态诊疗团队根据不同疾病特点研制出个体化的菌液和胶囊制备技

术,并利用器官保存液和改良菌液保存等技术解决了当前制备体系中存在的粪便暴露有氧环境、低温保存对活菌量和有效成分破坏的问题。肠道微生态诊疗团队还根据不同的疾病肠道环境特点添加不同有效成分,制备出多种疾病的标准化菌液和胶囊,解决了肠道菌群移植术无差别化移植的科学问题。

## 三方打造"中华标准菌群库"

如今,一个由科学家和临床医生组建的肠道微生态与慢性疾病研究团队,正在临床医学科创园区开展科技攻关。这个园区由同济十院出资建设,是上海首个公立医院建设的科研、临床成果转化平台。去年7月开园以来,园区已吸引11个研究团队和7家生物医药企业入驻,推动科学家、临床医生和产业界紧密合作,利用三甲医院的临床资源优势助力生物医药产业发展。"科创园区的主要功能是成果转化,让医生在临床中发现的新技术、新方案转化为产品,造福更多患者。"秦环龙院长说。

在临床医学科创园区的4号楼,同济十院与上海医药集团、华大基因联合打造的"中华标准菌群库"研发与生产基地正在建设,一期基地近日已建成并投入使用。这个1000平方米的基地,集供体筛选与管理、标准粪菌库和菌群库、标准化菌液和胶囊制备、功能菌筛选与开发、宏基因与宏代谢等检验检测、质量控制、生信分析、数据采集与管理于一体,拥有P2实验室和GMP车间。三方还共同组建了一个80余人团队,从事肠道菌群移植术临床治疗与随访、菌液和胶囊制备、宏基因与宏代谢组学、生物信息分析、功能菌筛选与制备、数据分析与管理等工作。

三甲医院与大企业的强强联合,有望找到一批适用于中国各地临床治疗的菌株,进而研制出新的活菌药物。"有了科创园区,我院就能更好地推进'中华标准菌群库'这类与企业合作的项目,把临床研究成果转化为造福更多患者的创新产品。"同济十院副院长徐辉雄教授说,建设科创园区还能提升公立医院的核心竞争力,有利于人才培养和学科建设,引导医生在临床工作中捕捉创新灵感、提出创新需求,在此基础上与科学家和企业进行合作。

为了鼓励医生参与产业化项目,同济十院参照同济大学的科技成果转化实施细则,规定将医生职务发明收益的80%用于个人或团队奖励,其余20%归单位所有。为了给医生获取合法收益设立一道"防火墙",也为了消除公立医院与企业的合作障碍,该院将一家三产公司转制成上海实苑科技服务有限公司,由这家从事科技成果转化等业务的企业运营科创园区、与企业签约合作。同济十院医生今后持股创办企业时，这类企业将成为实苑科技服务公司的子公司。就这样，在没有突破现行规定的情况下，这家三甲医院获得了推动科技成果转化、与产业界深度合作的平台。

# 上海十院团队首建血管通路数字诊疗系统

**侍佳妮**

当今社会，心脑血管疾病和肿瘤都是威胁人类健康的重大疾病。临床上，在对病人实施心脑血管重症急救、肿瘤化疗和肠外营养等诊疗操作时，建立中心血管通路是先决条件。每年，全世界中心血管通路建立近2000万例，我国近500万例，居世界第二。

但在实践中，建立中心血管通路面临三大临床问题：穿刺难、定位差、并发症多。同济大学附属第十人民医院张海军教授带领团队攻关多年，创建了中心血管通路数字诊疗系统，改进了传统血管通路的临床操作，降低了导管相关并发症发生率。

2021年11月3日上午，2020年度国家科学技术奖励大会在人民大会堂隆重召开。张海军教授团队牵头完成的项目"血管通路数字诊疗关键技术体系建立及其临床应用"获国家科学技术进步二等奖，这是十院作为牵头单位首次获得国家科学技术奖。

# 传统方法存在局限

中心血管通路可用于输注药物、补充营养、输血、采集血样等等。常见的中心血管通路装置有中心静脉置管（CVC）、经外周中心静脉介入导管（PICC）、输液港（Port）。用传统方法建立中心血管通路面临穿刺难、定位差、并发症多三大问题，严重制约血管通路建立的总体水平。

穿刺难，主要因为筛选靶血管困难，用盲法穿刺或者传统超声辅助穿刺时存在盲区；定位差，主要因为采用 X 射线解剖标志目测法误差较大，且患者需要反复接受 X 射线照射。因为操作难度高，用传统方法建立中心血管通路，可能面临出血、血肿、血管穿孔、血气胸、静脉炎等风险，甚至出现肺动脉栓塞等并发症，严重情况下可能致死。

# 建立精准定位系统

"工欲善其事，必先利其器"，总结多年临床实践中建立中心血管通路存在的困难，张海军团队对症下药，创新性地建立了一整套技术体系：

一是创建了靶血管分析与筛选技术。针对穿刺靶血管筛选影响通路性能的难题，张海军团队提出基于彩色超声多普勒血流测定穿刺靶区多参数选择方法，实现对靶血管直径、向心血流速度等生物特性的分析，精准筛选穿刺靶血管。

团队研制中心血管通路心电超声多普勒一体化诊疗系统，将血管筛选、穿刺成像和心电导航融于一机，实现临床操作的集成化、小型化、高速化。"有了这台'神器',再也不怕了。"十院临床医生欣喜地发现,实施心脑血管重症急救、肿瘤化疗等操作时,只需这一台机器,就能轻松建立中心血管通路。

二是创建穿刺复合增强显像技术。张海军团队发明了多功能换能器和图像空间增强显示技术,提高了图像清晰度,消除了穿刺显影盲区,实现穿刺全程实时监控。

三是创建血管内生物电精准导航技术。发明新型血管通路导管,实现生物电信号感知和传输,创建了中心血管通路心电精准导航技术替代 X 射线定位,降低导管尖端定位系统误差,减少了导管异位、移位等发生率。

## 打破国外长期垄断

张海军表示:"这项技术打破了国外技术的长期垄断,并将设备价格从过去的几十万元降到几万元。"通过一体化操作,整套系统可以评估血管状况,检测血流速度,帮助操作者正确选择穿刺部位,并配有体内精准导航,减少副作用。为广大患者减轻痛苦的同时,还降低了医疗费用。

"中高端医疗器械国产化,是我的'小小'中国梦。"张海军介绍,国内的中高端医疗器械市场长期被国外大公司垄断。比如,介入导管是肿瘤患者化疗过程中必不可少的一种常用医疗器械,临床使用量非常大。可这看似不起眼的小小导管,在 2011 年以前却一直被进口产品垄断。

张海军带领团队经过成千上万次材料工艺优化实验,2011 年 7 月,团队取得国产第一张经外周中心静脉介入导管(PICC)产品注册证,完成了这一产品的国产化,填补国内空白,而且产品多项性能超越传统产品,临床使用效果良好。

而中心血管通路技术体系,也是他带领团队历经 10 余年医工交叉与临床转化研究而创建的,并完成了系列医疗器械自主研制和产业化。

# 我国至少 1.3 亿耳鸣患者，
## 技术突破症状有所缓解

**顾泳**

"嗡嗡嗡、吱吱吱"，很多耳鸣患者形容自己的耳朵里像是装了个马达，24 小时不停歇地响，非常痛苦。这种画面感很强的描述在严重的耳鸣患者中十分常见，也是他们求医问药的主要原因。如何准确地找到耳鸣的病因？怎样精准施治，让每位耳鸣患者获得持久的疗效？如何让更多的耳鸣患者，尤其是偏远地区、医疗水平相对落后的地方的耳鸣患者同样能获得高质量的耳鸣诊治？

上述一系列问题，是复旦大学附属眼耳鼻喉科医院李华伟教授及其团队多年来始终探索思考的问题，也是孜孜不倦努力的方向。自 2006 年起，李华伟教授带领团队针对耳鸣诊疗现状和当时技术、设备等不足，结合我国耳鸣诊疗的实际需求，开展了一系列耳鸣智慧医疗服务平台建设，建立了标准化的耳鸣诊疗流程，发明了个性化特制耳鸣舒缓治疗声刺激策略，并利用互联网＋医学优势，进一步将耳鸣诊疗设备原创技术拓展到手机终端，建立耳鸣远程诊断、治疗、科普、随访公益性平台，实现服务广大患者、节约医疗资源的目的。

基于在耳鸣诊疗工作和设备研发等方面作出的贡献，李华伟教授作为第一完成人领衔的《数字化耳鸣诊疗装备的研发及推广》项目荣获 2019 年上海市技术发明一等奖。

## 我国至少有 1.3 亿耳鸣患者，重度耳鸣患者达 3000 万

耳鸣是耳科门诊最常见的主诉，以耳鸣为第一诊断的患者比例居耳鼻喉科门诊前三。然而，由于病因复杂、机制未明、危害较大、缺乏安全有效的药物治疗，耳鸣被认为是耳科三大难题（耳鸣、感音神经性聋、眩晕）之首，甚至让很多医生都为之头痛和束手无策。

数据显示：耳鸣发病率约占成年人的 10％—25％，儿童和青少年同样深受其害。随着年龄的增长耳鸣的发病率逐渐升高。我国至少有 1.3 亿耳鸣患者，其中需要积极干预的重度耳鸣患者高达 3000万。与之形成强烈反差的是，迄今我国仅有约 1 万余名耳鼻喉科医生，每万个耳鸣患者拥有的医生数量尚不足一人，医患供需存在巨大不平衡。

李华伟表示，由于缺乏标准化耳鸣治疗方案和科学的引导，广大患者难以忍受耳鸣，不断寻求各种中西药物、手术、磁刺激或激光、针灸等多种手段甚至产生盲目治疗等乱象，造成了巨大的医疗浪费。据估算，每年因无效耳鸣诊疗而产生的花费约在 1000 亿元人

民币。

## 精准施治耳鸣，团队在国际首创"三点迫选法"

如何准确地找到耳鸣的病因精准施治？李华伟教授带领团队结合我国耳鸣诊疗的实际需求，持续十数年开启探索创新。

李华伟介绍，团队在国际首创"三点迫选法"，提高耳鸣检测效率。专家讲解，完整而细致的耳鸣检测是耳鸣诊断及治疗基础，绝大多数耳鸣是主观性耳鸣，如何根据患者的主观描述尽可能用量化的指标把耳鸣特征体现出来是关键。这其中，耳鸣音调（频率）和响度匹配是耳鸣检测的主要内容，国际上常用频率匹配方法为二分测试法，即每次提供给被试两个不同频率的纯音，让患者选择最接近其耳鸣频率的一个，这一方法非常耗时，且患者容易产生听觉疲劳，影响测试结果。

为解决以上问题，团队根据耳蜗感受器及听觉中枢对声音频率、强度及时程感知的特点，首创"三点迫选法"耳鸣音调和响度匹配技术，提高了耳鸣检测的总体效率和容错率，明显优化耳鸣诊断流程，有效减少患者就诊及候诊时间。

此外，团队还为每名耳鸣患者打造个体化治疗方案。专家介绍，安全有效、提高患者依从性，对耳鸣的治疗效果有着举足轻重的作用，团队利用侧抑制效应发明联合增强耳鸣频率周围区域强度，达到叠加抑制耳鸣频率信号的技术，进一步巧妙利用纯音乐进行调制形成个体化、多模态定制音乐。音乐具有丰富的频率特性，且其频率、强度随时变化，有助于缓解耳鸣患者的烦躁、焦虑等负面情绪，改善睡眠障碍，且不会带来任何听力损害。团队根据对 2 万余例耳鸣患

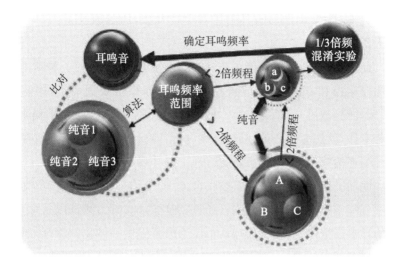

者进行详细耳鸣检测并利用特制耳鸣舒缓声治疗进行治疗发现，耳鸣总缓解率达 80% 以上，有效避免了因无效治疗而导致的医疗浪费，切实减轻患者就医负担。

## 开发耳鸣诊疗 APP，一解医疗及科普资源不足现状

　　针对耳鸣患者医疗资源不足、科普普及有限的现状，团队也积极找寻解决之道。记者获悉，团队研发发布国内首个专业的耳鸣诊疗 APP—复旦耳鸣 RS，复旦耳鸣 RS APP 立足上海、辐射全国，用户超过 5.6 万余人，并维持每月 2500 人的增长趋势。团队唐冬梅医生告诉记者，不管下载量还是用户评分，复旦耳鸣 RS 都居于同类软件之首，部分用户反馈 APP 操作便捷，内容专业，能够切实有效地改善耳鸣。据悉，目前有专业的医疗团队及互联网团队进行 APP 内容建设及维护，并将不断完善 APP 外观和功能，优化升级，提高用户体验

度。另外,APP 面向所有耳鸣患者免费开放,为国家及个人节省了巨大医疗开支。

此外,耳鸣科普不仅能预防耳鸣的发生,还可让患者了解到正确的治疗途径和方法,更好改善预后。在上海市科委资助下,团队以"了解耳鸣,战胜耳鸣"为主题,并在"复旦耳鸣 RS"APP 上开设耳鸣科普专栏,就患者关心的问题,持续进行耳鸣科普和心理咨询教育以及耳鸣声治疗指导,帮助患者更好地了解耳鸣,治疗耳鸣。

就在去年新冠疫情防控之际,复旦耳鸣 RS APP 足不出户完成多项耳鸣诊疗工作(包括耳鸣诊断、精细化匹配、听力测试以及"个体化的耳鸣声治疗"的远程治疗),不仅为患者提供一体化的诊疗,还避免了患者就医过程中来回奔波,减少感染风险。疫情期间推送 APP 各板块使用的详细教程、耳鸣相关疾病的科普及健康促进以及慢病管理和疗效评估,即便是初次使用的患者,也可短时期熟悉过程。多位病家表示,疫情期间专业的医疗团队通过 APP,为患者提供了耳鸣咨询服务,耐心、专业地回答患者各种问题困惑,同时给予患者更多温暖关怀与指导,帮助患者适度的心理调适,避免疫情期间容易出现的烦躁不安、焦虑抑郁等不良情绪。

目前,团队创新研发的专利技术已获得国家发明专利及实用新型专利授权,并完成成果转化,相关产品已获得医疗器械注册证,并实现量产,累计在全国数百家医疗机构销售或使用,累计接诊数万名患者,市场占有率达 35%—40%,提升了我国自主研发一体化耳鸣诊疗装备技术的核心竞争力。

数据显示:李华伟教授率领团队,运用上述耳鸣检测和声治疗核心技术,自 2013 年起经过 6 年多临床运用,迄今已帮助数万名患者进行详细的耳鸣检测评估以及个体化的声治疗方案定制及治疗辅导,并对药物治疗无效的耳鸣采取了包括健康教育、心理辅导、注意力转移、放松训练等在内的综合治疗措施,耳鸣有效缓解率达到国际领先水平,为无数患者一解耳鸣之苦。

# 中医"清化祛瘀法"诊治慢性肾病，
## 全球数百万人获益

**顾泳**

慢性肾脏病(CKD)在我国约有1.2亿患者，IgA肾病是最常见原发病，也是我国尿毒症的首位病因。肾病危害人类健康，还远不止这些，糖尿病肾病是导致终末期肾病的第二位原因，慢性肾脏病最易并发慢性心脏病。数据显示，我国成年人慢性肾病发病概率约为10.8%，也即平均每10个国人就有1位被慢性肾病所困扰。将近40%—60%的患者在5—20年间会发展为肾衰竭。

针对慢性肾病诊治，传统中医药瑰宝有何方法？来自上海中医药大学附属曙光医院何立群教授领衔的团队历经30余年，提出治疗慢性肾脏病的新策略。团队孜孜不倦研究发现，"瘀血、湿热"是核心病理机制，肾脏纤维化是慢性肾脏病发展的必经途径，团队同时针对研究成果开发新方药、新机制，对延缓肾病进展提供了重要的指导意义和临床应用价值。这一题为"清化祛瘀法防治慢性肾脏病的理论构建和临床实践"的研究，荣获2019年度上海市科技进步奖一等奖。

## 首次创立慢性肾脏病中医辨证优化方案

找到慢性肾病的关键疾病机理，何立群教授率领团队，围绕慢性肾病各类致病因素，收集了 2771 例大样本（其中包括 520 例 IgA 肾病、477 例 CKD1—4 期、939 例 CKD2—5 期、835 例社区血尿患者），通过对中医症候和临床资料的数据挖掘分析，提出"瘀血湿热"是加重慢性肾脏病进展的核心病理机制，并贯穿于发病全过程。

团队创立了疗效确切的慢性肾脏病中医辨证优化方案，更研发出系列方药：抗纤灵方、健脾清化方、肾衰冲剂、四蚕方和固本通络方，创建"病、证、法、方、理"完备的"清化祛瘀治肾病"学术思想体系，完善和丰富中医药防治慢性肾脏病理论，为提高慢性肾脏病疗效奠定坚实的基础。

慢性肾衰是临床危难重症，很多慢性肾衰患者由于疗效欠佳而进入透析，何立群教授带领团队在中医瑰宝中汲取营养，进行大量临床动物和体内外研究。抗纤灵冲剂从瘀血角度，肾衰冲剂从热毒角度，健脾清化合剂从湿热角度治疗慢性肾衰顽疾，由此体现了古老中医辨证施治与现代医学辨病论治的完美结合，大幅提高广大肾病患者生活质量之时，亦减轻了他们的经济负担。

## 中医辨证诊治实践，疗效达国内领先水平

通过中医辨证和诊治实践，何立群团队引领规范慢性肾病，持之以恒，不断优化 IgA 肾病和慢性肾脏病规范化中医综合治疗方案，反复验证"虚、瘀、湿、风"病、证、方结合防治 IgA 肾病和慢性肾病的临

床优势,疗效已经达到国内领先水平。

大量蛋白尿是慢性肾衰进展的独立危险因素,却又缺乏有效的治疗方法,团队创立治疗伴有大量蛋白尿的慢性肾衰的新兴临床方案,应用中医内外同治方法,在益气温阳活血的抗纤灵 2 号基础上配合针刺、穴位注射,可显著降低大量蛋白尿从而改善肾功能,创新性地提出并论证了中医内外同治早中期慢性肾衰伴大量蛋白尿优化方案。

专家团队开展 148 例肝肾阴虚型重症 IgA 肾病前瞻性临床研究,应用优化中医辨证方案,强的松龙和科素亚为对照组,观察 6 个月后发现:中医辨证组能显著改善中医临床症候,降低蛋白尿,提高 GFR,降低 IgA 肾病风险指数,总有效率 71.05%,对照组总有效率 38.89%。

而长达十年的 IgA 肾病患者随访发现:单纯镜下血尿型 IgA 肾病并非肯定预后良好,出现高血压、肾间质病变提示预后差。396 例慢性肾脏病(CKD1—2 期)蛋白尿中医优化治疗方案验证和推广应用研究,270 例脾虚湿热型慢性肾脏病(CKD3 期)临床前瞻性双盲研究,分别观察 6 个月研究结果显示:中医辨证治疗组和健脾清化方显著改善中医症候、降低蛋白尿,改善肾功能。

## 搭建研究平台明确机制促进研究成果

中医研究知其然,更要知其所以然。何立群教授团队创新建立防治慢性肾脏病的体内外研究平台,明确了中医药防治机制。团队建立慢性肾脏病免疫炎症评估模型、疗效预测模型,从肾脏血流动力学、氧化应激、细胞因子和免疫炎症等分子生物学等角度系统揭示

"清化祛瘀"防治慢性肾脏病的抗肾纤维化调控新机制。

研究平台发现：下调 NF - κB 和 PI3K - Akt - mTOR 信号通路，可抑制 Smad2/3 基因敲除小鼠肾纤维化。而抑制 FSGS 大鼠肾脏白介素及影响因子过度激活，调节 CD4 + /CD8 + 比值和细胞免疫因子，可抑制免疫介导的炎症损伤导致肾纤维化等。

通过系列研究团队建立临床科研一体化研究平台，形成基于临床促进科研转化和理论创新的中医药研究模式，引领了中医肾病学科发展。记者获悉，团队牵头制订慢性肾脏病辨证分型和疗效评价的行业标准，制订肾病诊疗指南 2 项，中医临床路径 2 个。而慢性肾脏病中医诊疗方案在全国 80 余家单位推广，来自海内外约 20 个国家和地区获益，就诊人数累计超过 260 万人次。

## 实现专利成果转化造福海内外更多病家

近 30 年来，何立群教授团队为全国各地培养硕博士近百名，研究成果发表国内核心期刊论文 433 篇，其中 SCI 收录 35 篇，总影响因子 93.578，专利授权 5 项，主编专著 8 部，实现专利成果转化（合同总额 100 万元），在上海中医药大学附属龙华医院、上海中医药大学附属岳阳中西医结合医院、上海中医药大学附属普陀医院等 13 家医院推广应用。

而今，"清化祛瘀法"研究成果通过各种渠道和媒体进行推广应用扩大影响。通过推广项目成果，使慢性肾脏病治疗有效率、就诊率明显提高，每年为医院增加了经济效益。延缓慢性肾脏病进展，为患者和国家极大地节省了医疗费用，并显著提高了慢性肾脏病患者的生存质量，延缓进入透析时间，给慢性肾脏病患者带来福音。

# 海派中医"虚毒并治"骨髓增生异常综合征

颐泳

骨髓增生异常综合征(简称 MDS)是一组起源于造血干细胞的异质性髓系克隆性疾病,该病特点是髓系细胞发育异常,表现为无效造血、难治性血细胞减少,高风险向急性髓系白血病转化。

由上海市中医医院、上海中医药大学附属岳阳中西医结合医院、华东理科大学多支研究团队共同开展的"骨髓增生异常综合征'虚毒并治'临床策略及推广应用",历时十余年研发,造福无数病家。项目成果荣膺 2020 年上海科技进步二等奖。

近年来,骨髓增生异常综合征发病率日益升高,治疗手段无突破性进展,社会危害较大。记者获悉,自 20 世纪 50 年代起至今,吴翰香、黄振翘、周永明教授等海派中医血液名家,经过 70 余年临证实践与科学探索,提出该病病机为"脾肾亏损为本、邪毒蕴髓为标、痰瘀内生为变"。

项目在此基础上,创建了病、证、法、方、药、理完备的 MDS"虚毒并治"临床策略,并通过验证与推广,为持续提高疗效、开展疑难攻关奠定基础。

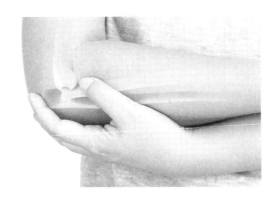

项目负责人陆嘉惠介绍：该项目创新性构建"虚毒"病证模型，并将中医病机与西医分层认识有机统一，提出正虚瘀毒转化进退、病证合参层期论治、扶正祛邪以毒攻毒的"虚毒并治"观点，确立了调脾肾、清瘀毒的治疗法则。

研发团队先后通过 630 例患者多因素分析和 243 例患者证型与危度分层相关性分析，总结出归纳出"较低危骨髓增生异常综合征以补益脾肾兼以清解邪毒为主，较高危骨髓增生异常综合征以毒攻毒兼以补益脾肾为主"的"虚毒并治"临床策略。

团队明确西医不同危度骨髓增生异常综合征的中医病机转化特征，建立科学精准的中医特色治疗方案，同时以提升临床疗效指标为目标，不断优化完善治疗方案，通过现代科学方法精简得出有效核心处方。

专家介绍："以毒攻毒"为主的砷剂治疗方案先后被纳入骨髓增生异常综合征中西医结合诊疗专家共识、中医临床实践指南。通过共 1211 例患者的多项 RCT 研究，该治疗方案有效率最高可达 75%，联合西医治疗最高可达 83.3%，同时荣获专利 3 项。

团队还围绕骨髓增生异常综合征造血细胞程序性死亡模式——凋亡与自噬,从"正虚""邪毒"证型对应的现代物质基础,以及药物作用机制角度,多维度进行"虚毒并治"临床策略的生物学诠释。研究证实了骨髓增生异常综合征造血细胞双向凋亡机制,以及组蛋白乙酰化介导的细胞自噬水平差异现象与中医"虚、毒"病机存在高度对应性,由此明确了健脾补肾活血解毒方、定清片、三子黄石散对骨髓增生异常综合征骨髓细胞基于表观遗传的"凋亡-自噬"及其稳态的调控作用。

该项目历时十余年,获国家自然科学基金在内 13 项研究支持。获发明专利 3 项,专著 4 部,SCI 论文 5 篇,论文 95 篇,相关成果被包括《blood》在内的国际同行引用 65 次,他引 664 次。

研究团队同时培养硕士 42 名、博士 14 名,优秀毕业论文 7 篇,全国、上海各学术团体主委、副主委任职 12 人次。专家共识及指南 2 份,在国际、国内 30 余次大会及本团队承办的 9 次国家级继续教育项目中将"虚毒并治"临床策略及方案以重点专题形式对 2700 余名医师进行介绍。

目前,项目成果在全国 18 家中、西医各级兄弟医院推广运用,基于上海瑞金血液病医联体平台向全国 20 个省市 56 个地区西医血液病界进行推广。初步建立骨髓衰竭疾病(再障、MDS)数据中心和生物样本库,为上海中医药研究院血液病研究所建设奠定基础。

# 联影磁共振获国家科技进步一等奖，打破美德企业垄断

**俞陶然**

长期以来，高场磁共振医学影像设备的部件和整机制造被美国和德国企业垄断，导致我国医院进口的这类设备价格虚高。近年来，上海联影医疗科技股份有限公司等单位研制的高场强磁共振设备打破了这个局面，使我国成为第三个全面掌握高端磁共振全部核心部件技术和整机制造的国家。

由联影医疗牵头，中国科学院深圳先进技术研究院、中国人民解放军总医院、复旦大学附属中山医院共同完成的"高场磁共振医学影像设备自主研制与产业化"项目荣获 2020 年度国家科技进步奖一等奖。企业与新型研发机构、医院的深度合作，是这个项目成功的一个关键因素。

# "特区"让科学家深入企业

磁共振被誉为"尖端医疗设备皇冠上的明珠",是心脑血管、神经和肿瘤等多种重大疾病影像诊断的利器。高场强磁共振可让临床诊断更精准,也能为脑科学等重大前沿科研提供精细的结构和功能成像,是科研领域必不可少的科学仪器。然而,磁共振研发涉及学科门类繁多,技术体系精密复杂,研发难度极大,高场磁共振的研发壁垒尤其高筑。

联影医疗董事长张强介绍,在联影医疗研发成功前,全球实现磁共振全部核心部件技术自主研发的企业仅2家。由于不掌握核心技术,国产磁共振设备主要占据中低端市场,高端医学影像设备的国产率不足5%,高端3.0T磁共振设备100%依赖进口。进口设备价格昂贵,导致我国百万人口磁共振拥有量不足美、日等国的十分之一。

场强是决定磁共振性能的重要指标,高场强往往带来高分辨率图像。按照场强由低到高,临床磁共振设备分为0.2T、1T、1.5T、3.0T等不同类型。由于磁共振成像电子学门槛高,技术体系精密复杂,设备场强越高,研发难度越大。

为了让高端医学影像设备惠及更多老百姓,2011年,联影医疗在上海成立。"联影一成立,我们就开始与联影团队合作,希望研制出能与欧美顶级产品媲美的国产设备。"获奖项目首席科学家、中国科学院深圳先进院研究员郑海荣说。联影医疗和中国科学院深圳先进院还决心解决两个行业核心难题:如何破解磁共振影像分辨率越高,扫描速度越慢的矛盾?如何突破高场强中短波长射频影响图像质量的瓶颈?

张强介绍联影医疗研发成果（薛志明　摄）

如今，两家单位的合作目标都已实现。谈及成功原因，郑海荣说了一个新机制——科技与产业的"弥散融合"。作为一家体制内的新型研发机构，中国科学院深圳先进院为科研人员开辟"特区"，规定与联影医疗合作的科研人员不必申请政府项目，不必发表论文，只要在磁共振技术上取得突破，就能获得晋升和涨薪。

正因为设立了不同于传统科研院所的"特区"，中国科学院深圳先进院的科学家与联影医疗的工程师实现了"弥散融合"。很多科研人员从深圳来上海常住，与工程师团队一起工作、联合攻关。不取得突破，来沪科研人员决不"收兵"。

# 医生从不信任到乐于合作

高场磁共振医学影像设备的问世，也离不开解放军总医院和中山医院的全力合作。作为医学影像设备的用户，医生的反馈和建言对研发团队改进设备有着重要价值。

"联影成立之初，很多人不相信我们能研发出高场磁共振设备。"张强回忆。不过，解放军总医院和中山医院为国产设备打开了大门，与民营企业共同开发、改进设备。解放军总医院放射诊断科主任马林说："联影的磁共振设备 2014 年底就进入了 301 医院，那时设备还不成熟，我们在临床应用过程中不断反馈、提出建议，与联影一起不断调整和打磨设备，优化磁共振的序列、参数以及系统的整体性能，让设备更加贴合医院的临床需求。"

马林还指出，以往最先进的设备往往在海外打磨应用，待到成熟后才进入中国，中国医生很少能参与进原创性高质量科研。而如今，基于联影全球领先的最新技术，以及本地强大的工程师、科学家团队，通过产学研深度、开放的合作，企业和医院能共同进行原始创新，参与孵化前瞻性的科研成果，有效推动产医转化。

这个医工结合团队建立了脑中风、心脏病和微小肿瘤"既快又清"的定量磁共振成像诊断方法，实现了高时空分率实时心脏成像、肝脏灌注和脑血管斑块成像，形成临床指南并纳入国际影像专家共识。"现在，很多医院愿意和我们合作开发还没拿证的新产品。"张强说，"与过去相比，临床医生对国产高端医疗设备的信任度大幅提升。"

"现在不光是我们医生，在一线操作的青年技师都喜欢联影的产

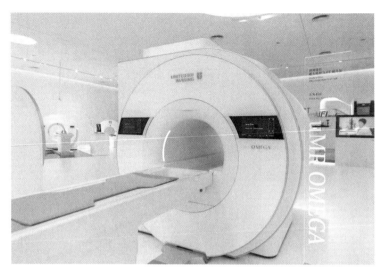

**联影医疗超大孔径 3.0T 磁共振设备**

品。"中山医院放射科主任曾蒙苏告诉记者,"21 世纪的科研不可能是'单打独斗',必须依靠团队合作的力量。同时,需要多学科创新联动,医疗器械更是多学科交叉领域,离不开产学研医的深度融合。期待未来高端医学影像设备成为继高铁后的第二张'中国名片'!"

## 打破外企"一统天下"局面

经过多年产学研医协同创新,联影医疗牵头研制出首台国产 3.0T 高场磁共振设备,实现核心部件 100% 自主研发,获得知识产权 147 项,包括发明专利 124 项、美国专利 11 项。设备在产品性能上整体达到国际先进水平,部分指标达到国际领先水平。

　　基于获奖项目,联影推出了多款创新的高场强磁共振设备,包括世界首台超大孔径 75 厘米磁共振 uMR OMEGA、世界首款全身 5.0T 磁共振 uMR Jupiter 以及一系列高端科研型 3.0T 磁共振,助力攻克重大疾病,服务脑科学等重大前沿科研探索。

　　如今,联影磁共振设备已进入全国近千家医疗机构,包括数百家三甲医院。国产磁共振的国内市场占有率从 2013 年的 14% 升至 41%,推动了高端医疗设备的普及。这些"中国智造"还出口到美国、欧洲等多个国家和地区,产生了重大经济与社会效益。我国由磁共振设备净进口国转变为出口国,打破了跨国外企长达 30 多年"一统天下"的局面,国际产业格局有望被重塑。

　　联影磁共振的产业化和临床应用,还让进口同类产品大幅降价,给老百姓带来了实惠,让更多国内患者用得上、用得起高场磁共振设备,为人民生命健康保驾护航。

　　张强表示:"未来,我们将持续积极响应国家'面向世界科技前沿、面向经济主战场、面向国家重大需求、面向人民生命健康,深入实施创新驱动发展战略'的号召,协同产学研医各界能量,全力推进高端医疗装备领域一系列核心技术的突破,加速原创性、引领性临床科研与创新转化,为'健康中国'战略的早日实现贡献力量!"

# 智能分析+ 5G 医疗，联影"天眼"创新智能 CT 解决方案

**李蕾**

作为唯一被我国列入诊断标准的影像诊断设备，CT 成为新冠疫情防控急需的关键医疗设备。但是，因为新冠疫情防控压力大，时间紧迫，传统 CT 无法适应体育馆、学校、展馆等民用临时性场地；再加上，疫情期间，大量公共医疗机构急需提升 CT 检查能力。怎么办？

联影医疗率先引入天眼 AI 全智能 CT 扫描导航系统、5G 远程诊断技术以及联影智能的新冠肺炎智能辅助分析系统，实现了无接触、大通量、高强度、低剂量的 CT 筛查及远程诊断。从智能摆位、低剂量扫描、快速诊断，到 5G 远程医疗等全流程技术创新，形成了一套具有自主知识产权的应对重大传染性公共卫生突发事件的智能 CT 解决方案，帮助整体提升公共医疗系统的疫情防控能力及常态下的医疗诊断水平。而这一系列的智能创新获得了 2020 年度上海市科技进步二等奖。

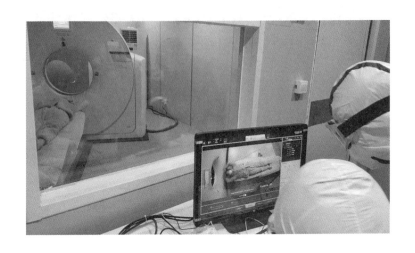

## "天眼" AI 全智能扫描

瑞金医院作为标准化建设试点单位之一，对发热门诊进行硬件升级改造，并配备独立的隔离病房和监护室，成为全市发热门诊的标杆。

"这台 CT 在疫情期间发挥了重要作用。"瑞金医院放射科严福华主任表示，发热门诊专用 CT，搭载天眼 AI 全智能 CT 扫描导航，机器自动定位，患者只需要躺到检查床上，技师不用进入扫描间就可以实现"精准摆位"，有效降低了交叉感染风险。据联影医疗有关负责人介绍，通过精准识别、智能定位，技师无须进入扫描间，患者无须脱下口罩即可进行精准摆位、移床，避免接触感染。真正意义实现医生与患者零接触全流程成像，大幅提高扫描效率，降低交叉感染风险，守护一线医护人员的健康与安全。目前这个技术已经应用到了联影医疗全线 CT 产品。

由于新冠肺炎患者需要定期随访，不止做一次 CT 扫描，为了保护患者，联影医疗利用具有自主知识产权的"零噪声探测器"及迭代重建技术，在保证图像质量的情况下，扫描剂量比常规扫描至少降低 70％，避免新冠肺炎患者因集中多次扫描而受到叠加伤害。

针对疫情期间放射科医生严重紧缺的情况，联影智能紧急研发了新冠肺炎智能辅助分析系统，依托人工智能技术这一系统能"聪明"地将病人前后数据进行对比，为解除隔离、出院等提供可视化的依据。医生每点开一张图像，"AI 助手"的系统界面上便会清晰显示运用高精度算法自动标记的肺炎病灶，被感染肺段、病变累计范围等关键量化信息，帮助医生有效甄别疑似、分流患者、随访，在临床诊断与治疗中发挥重要作用。"不仅可以快速判断是否有肺炎表现，还可以精准测算病变累及的范围，以判断患者的严重程度。同时还能根据病变的密度分布情况，大致判断患者的病程。"严福华介绍。同时，系统可将 5 至 10 分钟的 CT 阅片时间缩短至 1 分钟以内，极大地帮助医生做出快速诊断。

## 灵活的方舱 CT

"方舱 CT 机真是帮了大忙！减少了很大一部分工作量。"浦东新区人民医院放射技师杨云美不由得感叹。2020 年 4 月，已有约 20 台联影医疗的智能 CT 机在上海各大发热门诊"上岗"使用，助力上海发热门诊"升级"。

严防输入，是当前防控疫情的重要一环。

距离浦东机场最近的浦东新区人民医院，是浦东机场发热旅客

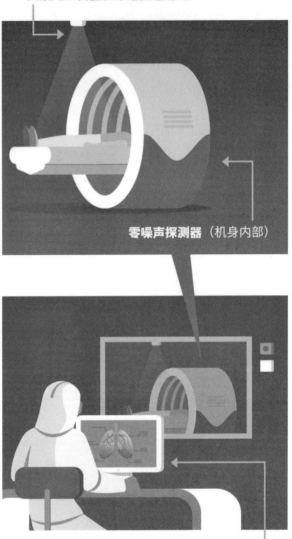

天眼AI全智能CT扫描导航系统

零噪声探测器（机身内部）

新冠肺炎智能辅助分析系统（软件）

的定点医院。医务部主任祁炜罡亮出的一条CT曲线显示,2020年3月至4月,浦东人民医院每天发热门诊CT的量平均达到64人次,最多的一天做了90人次CT。

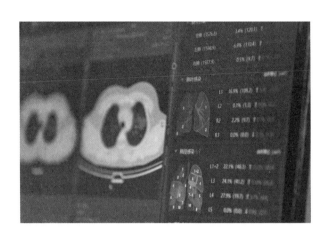

90人次意味着什么? 意味着每十多分钟,驻扎医院专门进行院内发热病人转运的"120"急救车,就要来回接病人做CT往返一趟。"此前,特殊发热门诊的患者做CT,要离开发热区域去影像科。"浦东新区人民医院医学装备部主任周海介绍,从3月20日开始,医院启用了一台联影"方舱CT",直接"嫁接"在特殊发热门诊旁边,方便患者直接进入机房进行CT检查,降低了交叉感染的风险。

所谓方舱CT,是一种"箱体式"设计的CT扫描间,采用类似集装箱的快速拆装设计,箱体里装上CT机,立马就变成一个标准的CT检查室。记者在现场看到,独立发热门诊的小楼连接着方舱CT,患者从发热门诊步行就能直接进入机房进行检查,无须再绕行到影像科。

在新冠肺炎暴发之前,浦东新区人民医院并没有为烈性传染病设置专属 CT，CT 检查设在影像科内，做不到完全隔离。为解决这个问题，浦东"120"专门组织了一套人马，负责浦东新区人民医院内部的"CT 转运"。也就是说，通过"120"车辆的动态隔离，完成闭环管理。可以说，这是防输入闭环中的一个动态点。

联影医疗的方舱 CT 不用专门施工建造 CT 检查室，只需要按图吊装就行了。"3 月 16 日开始吊装，连夜施工，90 小时就安装就绪。20 日晚上就投入使用。"周海说，原本用于"CT 转运"的"120"急救车现在可以腾出来加入机场转运了。"方舱 CT 真是帮了大忙！"3 月 24 日当班的放射技师是杨云美，她说，"看到又累又饿又病的航班旅客，我们也很心疼。为了加快周转速度，技师都是 24 小时连轴转，除了实在憋不住去上个厕所、吃口饭，根本就不会出检查室。"方舱 CT 减少了很大一部分的工作量。

此外，联影医疗还融合 5G 技术。通过搭载智能影像云 5G 融合技术，联影医疗使方舱医院、定点救治医院和其他医院影像数据互联互通，帮助医生快速、精准、高效分诊，实现资源优化配置，降低防控难度,有效遏制疫情传播蔓延。

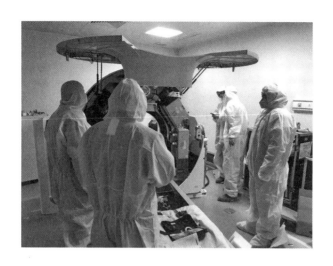

## 紧急驰援全国乃至全球

疫情暴发后,联影医疗第一时间成立覆盖研发、生产、售后、临床培训及武汉各分子公司"全国健康安全应急指挥总部",向武汉输送首批驰援设备,并组织一线工人复产,春节期间24小时轮战,全力保障设备供应。300多位联影医疗工程师、临床培训专家奔赴一线,保障设备24小时满负荷运转。联影医疗携手股东为疫区共捐赠共计价值1.1亿元以上的医学影像设备及相关服务。

2020年,联影医疗向全国各地紧急发出数千台抗疫急需的CT和DR设备。在武汉,火神山医院全部CT设备来自联影医疗。联影医疗方舱CT北到内蒙古满洲里,黑龙江牡丹江、哈尔滨;南到深圳经济特区,西到新疆,青海等,遍及国内抗疫的各个前线地区。新冠肺炎智能辅助分析系统陆续在全国百余家抗疫一线医院上线,助力完成数万例新冠肺炎患者的筛查与辅助诊断。智能影像云5G融合技术助力武汉雷神山医院、武汉市第七医院等数十家医院开展远程诊断,累计阅片超过40000例。

2020年4月7日,联影医疗车载智能CT"驶进"纽约"核心疫区",在布鲁克林区最大医院——迈蒙尼德斯医疗中心(Maimonides Medical Center)投入使用。作为全美第一台为新冠疫情专设的24小时全天候车载CT,这台移动的CT设备将助力医院对新冠肺炎疑似病例的筛查与诊断。联影美国子公司营销CEO Jeffrey Bundy说:"目前全美疫情非常严峻。为全力支持医院在疫情期间7×24小时全天候的影像检查需求，联影已在现场安排临床应用专家，协助技术人员进行扫描。"此外，联影在现场还提供了专门的服务工程师以及额外储备零件，以最大限度保障系统的运营。

# 治疗五类心血管疾病的
# 医疗器械实现国产化

**俞陶然**

在所有疾病中,心血管疾病堪称"第一杀手",对 65 岁以上患者尤其凶险,死亡率高达 5%。《中国心血管健康与疾病报告 2021》显示,国内心血管病患病率近年来持续上升,目前患病人数约为 3.3 亿。

面对这类疾病,相关医疗器械的国产化显得尤为重要。在这个领域,上海微创医疗器械(集团)有限公司取得了一批科研和产业化成果。由该公司牵头,上海微创电生理医疗科技股份有限公司、上海微创心脉医疗科技股份有限公司、微创神通医疗科技(上海)有限公司等单位参与共同完成的"心脏与血管介植入医疗器械关键技术及产业化"项目,荣获 2020 年度上海科技进步奖一等奖。

这个项目为 5 类心血管疾病提供了精准普惠化解决方案,累计研发出 40 项新技术、29 项新工艺和 27 个产业平台,形成了大规模自产化能力;产品出口至 40 余个国家和地区,救治了 500 多万患者。

## 历年研发总投入远超总利润

1998 年的浦东张江，还有很多农田。在张江高科技园区仅有的几栋多层厂房里，微创医疗诞生了。

20 世纪末，中国的高端医疗器械行业水平与发达国家相去甚远。微创医疗成立时，瞄准的是用于微创伤介入治疗的医疗器械，如用于冠心病治疗的冠状动脉药物支架，希望通过国产替代，让广大中国老百姓能用上可普惠化的国产支架。

这个想法支撑着微创医疗走上自主创新之路。20 多年来，公司一以贯之地大力投资研发，累计研发总投入数百亿元人民币，研发费用常年占全部营收的 15％—20％，是国内同行平均水平的 4 倍，历年研发累计总投入远超总利润。

注重产学研医合作,也是这家企业的特点。微创与上海多家三甲医院建立了紧密合作关系,并与第二军医大学签订了合作框架协议,共同建设转化医学联合研究中心,在内科学、外科学、介入医学、肿瘤学等领域开展深度合作。作为研发介入与植入医疗器械的企业,微创非常需要倾听医生的想法,把他们的好主意转变成创新产品。

经过 20 多年的自主研发和协同创新,如今,微创集团拥有专利(申请)8500 余项,已获批上市产品有 400 余个,产品进入了全球20000 多家医院。

## 产品推广至全国 1100 余家医院

获得 2020 年度上海科技进步奖一等奖的"心脏与血管介植入医疗器械关键技术及产业化"项目,针对心血管疾病的 5 个方向,提供了一系列高性能、普惠化的创新国产医疗器械解决方案。

微创集团等企业针对快速性心律失常,研发出国内首个磁定位三维标测系统,这也是该领域唯一同时获得欧盟 CE 认证和中国国家药监局认证的国产系统;针对缓慢性心律失常,研发出具有国际先进品质的国产心脏起搏器,打破了我国起搏器市场多年来一直被进口产品主导的局面;针对我国重度钙化和二叶瓣比例较高的患者特点,研制了国内首款牛心包生物材料经导管主动脉瓣膜;针对冠心病,提出以结构性约束为特征的"药物靶向洗脱"新理念,发明了新型支架系统,它兼顾"低晚期血栓率"和"低血管再狭窄率"的优点,成为全球技术引领者;针对累及到分支血管或入路狭窄扭曲的主动脉夹层/瘤,新型主动脉覆膜支架拓展了临床适应症范围;针对出血性脑卒中,在国际上率先研制成功颅内覆膜支架,实现了动脉瘤的有效隔绝以及复杂、宽颈和破裂动脉瘤的有效治疗。

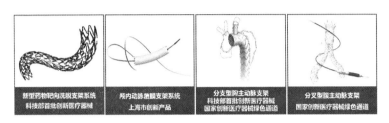

 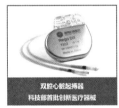 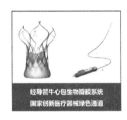

这个获奖项目的成果已获国内外产品注册证 100 余个,推广至全国 1100 余家医院,出口至 40 余个国家和地区。这些成果还获得了科技部首批创新医疗器械、国家创新医疗器械绿色通道等多项荣誉,有的填补国内空白,有的是全球领先,全面实现了心血管疾病医疗器械的国产化。

## 破解心脏支架药物承载国际难题

在全球领先成果中,登上国际顶级医学期刊《柳叶刀》是一个里程碑。

这篇论文报道了微创集团自主研发的"火鹰"支架在欧洲大规模临床试验的研究结果,让这款支架成为《柳叶刀》创刊近 200 年来首次出现的中国医疗器械。"火鹰"是第三代靶向药物洗脱支架,研究显示,将它植入患者后,受到治疗的血管区域能够在早期快速愈合。因为创新性的微槽包裹药物、生物可降解聚合物的设计,以及较低的载药量,它的安全性很高,可有效减少晚期血栓事件的发生。

在心脏支架领域,药物的承载是一个困扰业内 10 多年的难题。国内外传统主流心脏支架都是在金属支架表面涂上细胞抑制剂,使血管持续通畅,降低血管再狭窄的发生率。然而这样做仍有不足:首先,药物支架表面的涂层在血管装载过程中,如果遇到像钙化等复杂病变时,容易脱落、破损,会影响治疗效果,更可能加剧新的血栓形成;其次,药物的承载量难以控制,装少了容易在达到病变区之前过早损耗,装多了则会对人体造成负担。

怎样把药物完美地保存在支架上?经过反复设计和比较,微创研发团队历时 15 年,选择并达成了技术上最难实现的一种方案——微槽包裹药物,即在金属支架表面用激光刻槽,再把药物灌入槽内。与传统技术不同,刻槽可防止涂层在输送过程中脱落,药物不会流失,而且药物抵达血管病变区后,能通过固定的槽位精准释放,大幅提高了有效性,也避免了浪费。

此外,由于是精准释放而非"扫射",这种国产支架不会在无效面上载药,从而避免过多药物对表皮细胞的抑制,使支架尽快被表皮覆盖。这一优势,缩短了支架使用者术后服用双重抗血小板药物的时间。

## 开启心脏起搏器进口替代进程

同样凭借自主创新,"心系列"起搏器填补了国产高品质心脏起搏器的空白。2017 年获批上市以来，微创集团子公司生产的起搏器以其小体积、自动化、长寿命等特点，获得众多医生与患者的认可，开启了"进口替代"进程。

植入心脏起搏器，是目前唯一能有效降低心动过缓患者死亡率、提高其生活质量的治疗方法。过去 30 多年来，由于未完全掌握核心技术以及缺乏产业化经验，我国心脏起搏器市场 99% 以上的产品是进口品牌。由于价格较高等，有众多患者无法承担起搏治疗。

为了把这种高值医疗耗材的价格降下来，2014 年，创领心律管理医疗器械(上海)有限公司成立。这家企业对标国际先进标准，研发、引进并建设了心脏起搏器生产线、工艺流程和检验平台。从这条生产线上诞生的心脏起搏器，体积仅为 8 立方厘米，是目前全球市场体积最小的起搏器，更适合我国患者偏瘦的体型。其使用寿命达到 10—12 年，比一些国外品牌更长。

"心系列"起搏器的质量达到国际先进水平,价格则比同规格进口品牌便宜20％—30％。2018年投入临床应用以来,打破了中国起搏器市场多年来一直被进口产品主导的局面。截至目前,该系列起搏器临床累计植入量已超过10000例,其中年龄最大的患者100岁以上,年龄最小的仅22个月。

今年4月,创领心律研发的磁共振条件安全植入式心脏起搏器获批上市,成为首个可兼容磁共振成像检查的国产心脏起搏器系列产品。它们正在惠及广大需要植入心脏起搏器,同时因其他疾病需要接受磁共振成像检查的患者。

# 针对微创介入医疗器械贵，它在心脑血管打通自己的路

**徐瑞智**

目前微创介入医疗器械的全球市场规模达 4000 亿美元，在这类医疗器械中，中空纤维管是关键部件，占到器械材料成本七成左右，达 60％到 80％之间，市场需求量很大，但国产化率并不高。

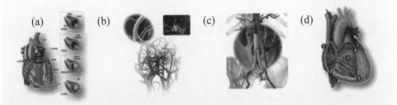

(a) 冠心病　　(b) 脑中风　　(c) 大动脉血管瘤　　(d) 房颤

针对冠心病、脑中风、大动脉血管瘤、房颤等疾病，微创手术的成败及患者的舒适性，就与它们有着密切关系。仅以"软""硬"来分，中空纤维管太软，不能顺利通过血管到达病变位置，并且强度不够容易导致手术失败；反之，太硬的话，患者的舒适性降低，容易刺破血管内壁，造成手术事故。

## 穿越、跟踪、扭控、耐压，要求高难度大

作为先进的纤维材料，微创伤介入医疗中空纤维管的制备技术长期被国外公司封锁，市场遭到垄断，有"卡脖子"风险。不可否认，国内临床使用大量依赖进口，价格十分昂贵。

其实，早在十多年前，东华大学材料学院余木火教授就关注到这一"软硬两难"的导管材料技术问题。他一心想要打破封锁，坚持做"面向人民生命健康"的科研。通过与上海微创医疗器械（集团）有限公司的中空纤维管技术中心进行产学研合作，他带领团队对中空纤维管制备技术展开了长期系统研究，取得了一系列重要进展。由他主持的《微创伤介入医疗中空纤维管制备与复合增强关键技术及产业化》项目荣获 2019 年度上海市科技进步一等奖。一根根小导管探出大课题，在心脑血管打通"自己的路"。

事实上，中空纤维管形式多样，包括单腔、多层、多腔、球囊、编织复合增强、Coil 复合增强等。在临床上，对这类导管的穿越性、跟踪性、扭控性和耐压性要求都很高，因此其制造技术难度极大。

余木火教授带领团队充分发挥东华大学在喷丝、纺丝方面的技术优势，从喷丝组件到熔体流动剪切膨胀拉伸等，系统研究了这些对中空纤维管尺寸精度、强韧性、生物相容性等产生影响的规律，实现了导管轴向和径向强度、韧性、刚性的同步提高。

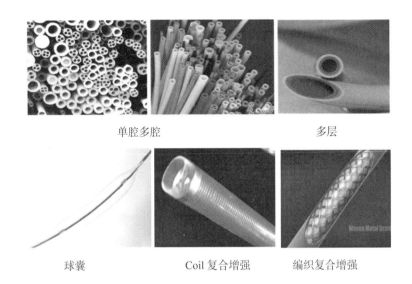

单腔多腔 　　　　　　　　　　多层

球囊 　　　　　Coil 复合增强 　　　　编织复合增强

## 汽车轮胎压力,才能吹胀开球囊

在临床治疗中,中空纤维管要在人体血管里穿过很长的"路程",得有足够的柔性和扭控性,才能随弯就弯,可谓"软硬兼得"。

比如电生理射频消融导管、电生理标测导管、造影导管和指引导管等,都需要具备优异扭控性能。针对这些要求,余木火团队通过金属丝界面与网格结构设计,增强了中空纤维管的界面强度,使得"小管径、高精度、高刚性"兼具。基于对高刚性金属丝网的精度控制,有效提高其防塌陷和扭控性能,满足了临床血管造影、电生理射频消融等对中空纤维管高抗扭转强度的要求。

以球囊产品为例,它在冠脉介入治疗领域一直有着非常重要的地位。因此,在实际使用中,对球囊本身的耐高爆破压强度提出了极高要求。余木火教授告诉记者，通常需要达到相当于汽车轮胎的压力，才能把球囊吹胀开来。

而球囊经过吹胀，张开后，再往回拉……此时，球囊有如一把切割刀，能把附着在血管内壁的斑块物质撕裂和破碎，使血流畅通，可谓医疗界的血管"清道夫"。

此外，球囊还可以用于扩张支架，将支架固定在血管内壁，并由此形成可供血流通过的安全通道，起到类似"盾构机"的作用。该团队还研发了贝壳状多级结构的中空纤维球囊，增强了球囊的断裂韧性，实现了球囊薄壁厚度和高耐爆破压强度的性能要求，提升了临床手术的安全性。

中空纤维管生产线

## 率先国产化，累计生产 3000 多万件

经过十几年的不懈攻关，余木火教授团队研发攻克了中空纤维管制造、尺寸精度、复合增强、球囊强韧、嵌套焊接等关键技术，研发出 200 多个中空纤维管产品。合作方微创集团建立了 30 条生产线，率先实现中空纤维管国产化，累计生产 3000 多万件，主要技术和产品处于国际领先水平，为我国高端医疗器械跨越式发展、提升竞争力和科技进步做出重要贡献。

作为高分子材料学科教授、博士生导师，余木火的主要研究成果有纤维增强复合材料的应用基础研究和产品的开发等，特别是纤维与树脂界面的设计与表征。此外，还有无机纳米粉末与高分子复合材料的纺丝成型及应用开发；纤维及织物的表面科学及其应用开发；热塑性聚氨酯的加工成型及其产品开发等。

谈起团队，"60 后"的余木火对这支"80 后"组成的队伍打了高分。高水平、专业化、敢打敢拼，是团队成员的共性特点。究其缘由，多年来，余木火坚持把企业生产一线需求和课题组研究方向、团队人才培养深度结合起来。科研出成果、企业出产品、团队出人才，形成了一个良性互动循环。

作为团队一员，李兆敏是《微创伤介入医疗中空纤维管制备与复合增强关键技术及产业化》项目技术骨干、主要完成人，硕士和博士都毕业于余木火教授课题组，现任脉通医疗科技（嘉兴）有限公司总经理。他始终带着实现我国微创伤介入医疗中空纤维自主研制的梦，十几年如一日专注于中空纤维管的科技攻关。在公司，有一个车间，十多位员工均毕业于东华大学，从大学时代实验室的挑灯夜战，

余木火教授和学生在一起

到生产一线的攻坚克难,几乎整建制的"东华Team"让校友们在忙碌的工作中默契度日增。"公司里有个车间的员工差不多都来自东华,"余木火教授说,"这是让一个科学家和教育者感动和自豪的事。"

# 光明乳业专家：牛奶是"完美的食物"

**侍佳妮**

　　2020 年新冠疫情伊始，经过钟南山、张文宏等专家的一致"带货"，牛奶这种早已走进千家万户的食品，再次掀起一波热议和消费热潮，但牛奶及奶制品的营养价值，并非每个人都清晰了解。对此，在 2020 年度上海市科学技术奖励大会上，获得上海市青年科技杰出贡献奖的光明乳业研究院院长刘振民博士，为公众科普了牛奶的营养价值与乳制品行业发展方向。

## "白色血液"营养丰富

"400—800 毫升血液流经奶牛的乳腺，才能产生 1 毫升牛乳，非常珍贵。因此牛奶也被称为'白色血液'，是自然界赐予人类完美的食物。"刘振民说，牛奶在常见的单一食物中，营养最为完善。牛奶富含几乎所有营养物质，包括接近全价的蛋白质，食品中最复杂的脂质，多种维生素和酶，还有钙、钾、磷等矿物质。

除了营养十分丰富之外，牛奶中的营养元素容易被人体接纳，利用效率高。以蛋白质为例，鲜奶中的蛋白质种类多元，还都是"优质蛋白"，更易消化吸收。"小孩子肠胃系统没有发育完全，牛奶是很友好的食物；老年人肠胃衰弱，牛奶又变成了优良辅食。"刘振民认为，牛奶老少咸宜，可谓伴随人的一生。

牛奶营养固然丰富，但生产过程是否安全，能让消费者放心饮用呢？刘振民介绍，随着技术进步，如今大型乳品企业的牛奶生产已经实现 100% 自动化、机械化。从机器挤奶，到最后一步包装，牛奶的生产过程全在"暗无天日"的管道中封闭进行，与人零接触，工人只负责在电脑上指挥机械完成所有操作。

在国家的重视和支持下，近年来中国乳制品质量稳步提升，所有食品品类中，乳品的检测合格率连续数年排在第一位。以光明乳业为例，每一瓶奶需要经过 9000 个管控点，才会送到消费者手中。

尽管牛奶营养丰富，生产过程安全，仍然有人表示"喝不惯"。不少国人还有不同程度的乳糖不耐受。实际上，乳糖酶是一种诱导酶，如果长时间不喝牛奶，人体就会减少乳糖酶分泌，造成乳糖不耐受。

对此刘振民支招,乳糖不耐受患者可少量饮奶,诱导人体乳糖酶分泌慢慢增加,或选择喝酸奶、吃乳酪来替代。"人体具有高度的适应性。让小朋友从幼年期就保持喝牛奶的习惯,能极大降低乳糖不耐受的发生率。"

## 发酵乳、奶酪大有可为

除了原汁原味饮用,牛奶还可以制作成多种食品,发酵乳和奶酪是其中常见的品类。对于酸奶来说,在产品研发前,必然少不了各种菌种的储备。过去,用于乳制品发酵的益生菌菌株为国外企业所垄断,中国绝大部分的酸奶用的菌种都大多采购于国外。光明研究院致力于开发具有自主知识产权的菌株,2011 年就开始建设光明乳业菌种库。

目前,菌种资源库里储存了超过 5500 株各类乳酸菌,光明乳业已成为全球为数不多的使用自主知识产权益生菌的乳品企业之一。这些静静躺在实验室中的备选菌种,通过筛选和验证后,将作为益生菌菌种储备,等待在未来"大显身手"。例如畅优"益菌多"系列风味发酵乳,每一瓶含有 1000 亿个活性乳酸菌,就添加了光明独有的植物乳杆菌 ST－III。刘振民介绍,ST－III 菌株曾经登月,经历过多种环境考验,确保了品质的稳定。

刘振民介绍,接下来他将更加关注发酵乳"治未病"的作用。一个成年人的肠道中约有 1.5 公斤细菌,帮助人体消化吸收食物。肠道菌群对人体健康影响显著,调整肠道菌群,可以预防或减轻慢性代谢疾病。新冠肺炎疫情期间,李兰娟院士也观察到,恢复期病人肠道微生态发生改变,于是将益生菌制剂列入调整肠道微生物菌群的治疗方案当中，而益生菌同样可以添加在乳制品中。

上市多年的酸奶产品"如实"，是光明乳业研究院的骄傲。"如实"开创了国内无添加酸奶的先例。"除了鲜奶和乳酸菌，'如实'不含任何添加剂，也没有糖，只在杯盖中放一包蜂蜜供消费者自由添加。纯净如实，回归酸奶本来的样子。"刘振民表示，自 2012 年上市以来，"如实"销量持续快速增长，今年增长率超过 100％。

与此同时，近年来中国消费者对奶酪的需求量也在上升。贴合这一潮流，光明乳业研究院已经研发了两款新型奶酪——耐温奶酪与红曲霉奶酪。普通奶酪在 40—50 摄氏度环境下就会融化，而耐温奶酪加热至 121 摄氏度依然不融化，适合加入焙烤食物，如面包、香肠等等，可以让消费者看到食物中完整的奶酪形态。

中国味十足的红曲霉奶酪则将中国传统菌种与西方奶酪结合，碰撞出与众不同的新风味。红曲霉在我国应用已有上千年历史，是一种食用安全菌，红曲米、红曲酒、腐乳等都得到广泛喜爱，口感易于被中国消费者接受。现代医学研究证明，红曲霉还具有降低胆固醇、降血糖和降血压等作用。红曲霉奶酪属于表面霉菌成熟的软质天然奶酪，风味柔和，质地细腻，乳香味浓郁。

## 乳品行业前景光明

1992 年，刘振民考上大学。那时国内生活并不富裕，刘振民感到食品科学系"很新奇"，便懵懵懂懂地选择了这个专业，学习过程中慢慢被吸引，在黑龙江省东北农业大学完成了硕士和博士阶段的学习和科研工作，师从我国乳业科技奠基人骆承庠教授。刘振民是山西省万荣人，他笑称自己是"从黄土地到黑土地"，求学期间更是调研考察过全国很多乳品企业，此后辗转来到上海工作。

对于中国乳品行业的前景，刘振民十分看好，"一方面消费者正在回归健康的生活方式，另一方面国家层面也呼吁民众多喝牛奶，来增强抵抗力，激活免疫力。"此次疫情期间，很多产品销路都受到影响，但在上海等地区，乳制品销量反而上升。

市面上奶制品品种繁多，刘振民支招，对于消费者来说，如果想喝到新鲜牛奶，可以查看牛奶包装上的产品标识。与常温牛奶不同，低温鲜奶也被称为"巴氏奶"，运用巴氏杀菌法加工，在保证饮用安全的基础上，较为完整地保留牛奶的营养和天然风味。国家规定，在中国销售的低温鲜奶需要在外包装上标注"鲜牛奶"或"鲜牛乳"三个字，保质期比较短。

而动辄可以储存几个月甚至一年的常温牛奶，按照国家规定应标注为"纯牛奶"或"纯牛乳"。常温牛奶经过高温灭菌技术，在135℃的高温下，将牛奶中所含的各类菌种格杀勿论。有害细菌被完全消灭，牛奶自然放很久也不会变质；但同时有益菌种也惨遭殃及，令牛奶中宝贵的活性营养成分，比如乳铁蛋白、可溶性钙等大打折扣。

一路走来，刘振民见证了中国乳制品行业的极大进步，奶牛单产、牛奶质量、卫生条件、加工水平等方面都有飞跃发展。未来，随着医学进步，以及对人体和营养学的认知增加，乳制品行业面对广袤发展天地，如针对个人健康状况精准补充营养，更深刻地改善中国人的膳食结构与体魄。

# 如何保护"72家房客"风貌，又改善逼仄居住环境

**黄海华**

有人说，里弄是上海建筑的"灵魂"。它传承了江南传统民居的特点，同时借鉴了欧洲的毗邻式住宅，是城市肌理的有机构成。这里有着"72家房客"生活气息，也有着上海独一无二的城市风貌，其浓浓的社区感和邻里感，造就了特有的里弄文化。但与此同时，历经百年的里弄建筑的使用功能已远远落后于现代生活需求，房屋状况老化存在安全隐患，成为亟待解决的民生问题。

里弄更新改造的最大难题，是如何在保护历史风貌的同时，改善居民的生活环境。日前，上海建工四建集团有限公司牵头、多家单位合作的"里弄建筑保护利用关键技术与应用"，获得2021年度上海市科技进步奖二等奖。在科技的加持下，这一难题迎刃而解。

## 不减少居住面积，为里弄建筑"换内胆"

2016 年，作为上海仅存不多的完整石库门建筑，位于虹口北外滩的"春阳里"启动更新改造。四建集团有限公司副总工程师谷志旺，接到任务后第一件事，就是到"春阳里"现场勘测。高楼林立之下，走进"春阳里"却是另外一种景象。窄窄的弄堂里居住着 1181 户人家，一般好几户人家共用一个厨房间，家庭私密性较差，且没有独立卫生间，每天还需倒马桶。这里的建筑木结构腐蚀现象严重，墙体剥落随处可见，甚至部分墙体由于地形沉降造成变形开裂。

谷志旺带领团队开展了历史风貌保护、宜居品质提升、结构性能提升和绿色安全施工等方面的研究，形成了多项里弄建筑保护利用的关键技术。

他们首创了里弄建筑内部空间重组设计技术,创新研发了现代功能植入技术。"对于建筑外立面,我们采取保留或恢复原样的方式,比如木门窗的颜色和样式,改造之后看上去和之前差不多,但我们用的是新材料,可以保温和防水。"谷志旺告诉解放日报·上观新闻记者。

对于建筑内部空间则重新规划,进行成套化改造。过去,居民们共用厨房间和过道,有的人家采光条件很差。"在不减少居民数量和居住面积前提下,这就需要对内部空间整体重塑,相当于'换内胆'。"对于这些有着百年历史的建筑而言,一旦保护不好,外墙会坍塌或变形,历史风貌就无法得以保存。

谷志旺介绍,在修缮过程中,团队将历史建筑修复技术和现代科技手段有机结合在一起。一方面,利用数字化技术,将建筑外壳临时"撑"起来。然后,利用里弄建筑结构安全和耐久性能提升技术,将原来的砖木内部结构置换为钢结构,再将外墙与内部结构进行连接,在保留外墙历史风貌的情况下,实现了内部空间的重构;另一方面,将厨房和楼梯间等公共空间重新整合,以提升居住功能。比如,恢复了晒台功能,在确保采光通风条件下扩大了天井空间的功能。在最小干预与完整性原则下,利用原有壁炉烟囱形成现代厨房的烟道,植入集成卫浴设备。利用屋面天窗和老虎窗,实现公共区域自然采光和垂直通风。在公共部位利用搁栅式楼板,布设了消防设施,提升了防火性能。

随着城市的发展,里弄的数量在不断减少。截至2016年底,上海共有里弄建筑813万平方米,是亟须保护的历史建筑。以往,对于里弄建筑的改造思路更多的是"大拆大建"或商业开发,近年来"有人、有情、有序"的原生态活化利用风貌保护成为一种新思路,但这势必带来风貌保护和结构安全的冲突。"春阳里"改造项目由于把古建筑修缮与人文风貌保护有机结合在一起，为城市的古建筑保护探索出了一条新路。

## 没有原始图纸，"描绘"里弄建筑基因图谱

在城市有机更新思路下，不仅需要保护里弄建筑的本体，还应保护其空间形态、功能业态、居住文化生态，以及生活记忆和精神情感在内的"里弄文化"。如何提取里弄建筑的空间特色、细部特征以及居住生态文化等基因符号，是解决里弄建筑保护利用的技术、文化和价值依据的关键问题。

"这些历经百年的里弄由于时间太久远，很难找到原始建筑设计图纸。传统的二维图纸也无法清晰描述弄堂、过街楼、石库门、阳台、

门窗等空间构成元素。"谷志旺告诉解放日报·上观新闻记者。

团队创新形成了倾斜摄影、三维激光扫描和图像识别技术,获得了多维全息精准模型,不仅有色彩、纹理等细节上的物理信息,也有空间结构等立体信息。在数字化测绘基础上,采用逆向建模、智能提取的方式,分层次建立了里弄建筑弄堂空间(主弄、支弄、过街楼、牌坊等)、建筑空间(客堂、厢房、亭子间和晒台等)和细部(石库门、门窗、楼梯、天花线脚等)部位的特征模型,从而"描绘"了里弄建筑特征基因图谱。

据介绍,团队还发展了无损检测方法,创新研发了里弄建筑保护修缮技术。团队以石库门为代表,通过传统构造工艺分析、数字化模拟与工艺设计,构建了门楣、门套和门框等特色部位传承发展演变图谱,为建筑特质的修缮与保留提供了技术依据,并首次形成了里弄建筑清水砖墙的传统构造工艺库。

"我们实行的是模块化轮流施工,有部分居民还住在里面。为了尽可能不影响居民生活,我们实行的是绿色(低影响)施工,把扬尘和噪声降到最低。"谷志旺说。春阳里的改造运用了节能技术,不仅提升了安全疏散能力和消防性能,也提升了建筑的宜居舒适性,获得当年"上海市既有建筑绿色改造金奖"。

此外,团队还研发了在狭小弄堂空间的适用施工方法和装备,发明了外墙保护与安全防护一体化装置。

春阳里改造项目获得国家授权专利 13 项(其中发明专利 6 项)、软件著作权 3 项,发表学术论文 12 篇,上述科研成果经专家鉴定均达到国际先进水平。除了春阳里,项目成果还成功应用于承兴里、集贤村、岐山村、尚贤坊、鸿寿坊等 100 余幢里弄建筑保护利用和更新改造工程,为"留改拆"背景下上海的城市有机更新起到了强有力的技术推动作用。

　　建筑可以阅读，街区适合漫步。2017 年底，春阳里成为全市第一个完成里弄房屋内部整体改造的项目，七十四街坊迎来了首批回搬居民。改造之后的春阳里，从外立面看，之前杂乱的违章搭建和蜘蛛网不见了，清水砖墙得到了更好的呈现，石库门的味道更浓了。走进弄堂深处，这里的每户人家都变成了"独门独户"，不仅有自然采光，还有独立的厨卫空间，拎马桶的日子从此一去不复返。

　　春阳里，正如其名，焕发了勃勃生机。

（制图：张冀飞）

**图书在版编目(CIP)数据**

科技大奖中的上海智慧/王仁维等著. —上海:上海三联
书店,2023.11
　ISBN 978 - 7 - 5426 - 7995 - 6

　Ⅰ.①科…　Ⅱ.①王…　Ⅲ.①科技成果-介绍-上海
Ⅳ.①G322.751

中国版本图书馆 CIP 数据核字(2022)第 256134 号

# 科技大奖中的上海智慧

著　　者 / 王仁维　等

责任编辑 / 王　建　陆雅敏
装帧设计 / 未了工作室
监　　制 / 姚　军
责任校对 / 林佳依

出版发行 / 上海三联书店
　　　　　 (200030)中国上海市漕溪北路 331 号 A 座 6 楼
邮　　箱 / sdxsanlian@sina.com
邮购电话 / 021 - 22895540
印　　刷 / 上海惠敦印务科技有限公司

版　　次 / 2023 年 11 月第 1 版
印　　次 / 2023 年 11 月第 1 次印刷
开　　本 / 890 mm×1240 mm　1/32
字　　数 / 220 千字
印　　张 / 9.25
书　　号 / ISBN 978 - 7 - 5426 - 7995 - 6/G・1665
定　　价 / 68.00 元

敬启读者,如发现本书有印装质量问题,请与印刷厂联系 021 - 63779028